问学之路

考古学人访谈录

III

王巍　　主编
乔玉　执行主编

上海古籍出版社

图书在版编目（CIP）数据

问学之路：考古学人访谈录. Ⅲ ／ 王巍主编,乔玉
执行主编. —上海：上海古籍出版社，2017.11
　　ISBN 978-7-5325-8633-2

　　Ⅰ.①问… Ⅱ.①王… ②乔… Ⅲ.①考古学家—
访问记—中国 Ⅳ.①K825.81

　　中国版本图书馆 CIP 数据核字（2017）第 254668 号

问学之路：考古学人访谈录Ⅲ

王　巍　主编

乔　玉　执行主编

上海古籍出版社出版发行

（上海瑞金二路 272 号　邮政编码 200020）

（1）网址：www.guji.com.cn

（2）E-mail：gujil@guji.com.cn

（3）易文网网址：www.ewen.co

启东市人民印刷有限公司印刷

开本 890×1240　1/32　印张 9.25　插页 2　字数 215,000

2017 年 11 月第 1 版　2017 年 11 月第 1 次印刷

ISBN 978-7-5325-8633-2

K·2392　定价：68.00 元

如有质量问题,请与承印公司联系

目　录

序　言

2013 年夏天，上海古籍出版社的同仁来找我，谈起他们出版社想出一套面向社会公众、介绍考古学者的丛书，希望得到我们研究所的支持。我听后很高兴，欣然应允全力支持。

我之所以如此痛快地应允，是因为我多年以来痛感民众对了解考古知识的需求与日俱增，但我们学界拿出来的可面向社会公众的，深入浅出、通俗易懂的，介绍考古学知识和研究成果的著述却比较匮乏，远远满足不了民众的需求。即便有一些介绍考古学的著述，也多以介绍考古发现为主，对主持这些考古发现和研究的考古人的介绍却极为稀少。因此，社会公众和考古人之间有一个无形"鸿沟"。考古学家在想什么、做什么，他们的学术经历、治学心得、心路历程等，这些十分生动、鲜活的"考古史"却鲜为人知。《考古学人访谈录》系列正好弥补了这一空白。

中国考古网是我所主办的学科门户网站，多年来致力于宣传考古学研究成果，同时积极探索公共考古活动的推广，其举措之一即是精心组织了对考古学者们的专访。《考古学人访谈录》系列收录了中国考古网对老、中、青三代考古学家的访谈，使读者可以了解这些为中国考古学的发展作出了积极贡献的考古学家们从事考古发掘和相关考古研究的经历和体会。《考古学人访谈录》系列中收入的考古学家,绝大多数是多年在田野考古第一线从事考古调查和发掘的学者。他们发掘的对象的时代和内容各不相同,有史前时期的村落,有历史时期的都城,也有各个时期的墓葬,可谓五花八门,丰富多彩。他们对亲身经历和体会的讲述,可以使读者有身临其境之感。还有的学者通过田野考古之外的其他方法和手段,如科技考古,进行考古研究,这部分是考古学不同于一般人文社会科学的重要区别所在,他们同样可以使读者领略考古学的博大精深,和与其他自然科学、人文社会科学的千丝万缕的联系,体会到考古学本身就是一个最大的交叉学科。

虽然接受访谈的学者们的研究领域千差万别、各具特色,但他们有几个共同的特点。

一是实事求是、严谨务实的治学精神。有一分材料说一分话,追求真理,言必有据,绝不故弄玄虚,哗众取宠。在社会浮躁之风盛行的当下,考古学家的这种务实精神是特别值得提倡的。

二是敬业和奉献精神。这些考古学家多数已经从事考古学研究三四十年,甚至更长,他们把毕生精力贡献给了中国考古事业。考古工作需要到各地去进行田野考古调查和发掘,一年中有大半年出差在外,照顾不了家庭,自己的父母妻儿患病时往往不能陪在身边。田野工作白天八小时在考古发掘现场,晚上回到驻地还要整理发掘记录、撰写发掘日记等,一忙就到了十一二点,因此,每天工作时间往往长达十几个小时。日复一日,年复一年。他们有一个信念,就是一定要把工作做好。

三是艰苦奋斗的精神。田野考古是室外作业,风吹、日晒、雨淋。一个发掘季节下来,白皙的皮肤会晒成"茄子皮"色,人也"显老"好几岁。春季刮大风,沙土满身满脸,成为"土人"。夏季骤雨突袭,躲避不及，整个人顷刻成"落汤鸡"。酷暑季节，阳光暴晒，汗流浃背，不仅衣服被汗水湿透了，连眼镜片都可能被汗水浸湿。考古学家们正是在这种艰苦的条件下，完成了一个又一个发掘任务，取得了一个又一个考古成果。业外人士往往只看到一个个引人瞩目的考古发现，殊不知每个发现背后都有着考古工作者的艰苦努力，每个发现都是他们汗水和心血的结晶！

这套书中收入的考古学家只是中国数以千计的考古学家中的一小部分，但他们可以说是中国考古学人队伍的一个缩影。希望读者们通过阅读这套丛书，能够加深对中国考古学家的了解，他们也是有血有肉，有情感、有理想、有志向的学者群体，他们可以说是最执着、最坚韧、最接地气的群体。他们为研究和复原中华民族的历史，展现祖先创造的辉煌文明而孜孜以求。希望全社会更加关心考古和文物保护事业，为我们的子孙后代留下更多珍贵的优秀的文化遗产！

王　巍
2014 年冬于北京

安家瑶

2006 年 11 月参观埃及金字塔

简　介

安家瑶，女，1947 年 8 月生于北京，原籍山东烟台。1982 年毕业于中国社会科学院研究生院考古系，获历史学硕士学位，师从北京大学考古系主任宿白教授。毕业后进入中国社会科学院考古研究所工作。2013 年，聘任为中央文史研究馆馆员。

学术专长：长期从事唐长安城的考古发掘和研究。

主持多项重要考古发掘：西安唐大明宫东朝堂、翰林院、唐长安城西明寺、陕西麟游县隋仁寿宫唐九成宫 37 号殿址、西安唐大明宫含元殿、唐长安城圜丘、太液池及丹凤门等遗址。其中多项重要考古发掘对隋唐历史复原有所补正。

在主持考古发掘的同时，注重遗址的保护和展示，积极探索大遗址保护和城市和谐发展的新模式。唐大明宫含元殿、唐长安城圜丘遗址等都在发掘后进行了保护，现已对外展出，取得良好的社会效应。

安家瑶是国内外最早开展中国古代玻璃研究的学者之一。通过对考古出土的玻璃器进行器形、工艺、成分的比较，并结合文献记载和壁画上的图像，首次成功地将中国出土的玻璃分为进口玻璃和国产玻璃。进口的罗马玻璃、萨珊玻璃和伊斯兰玻璃为丝绸之路的贸易和文化交流提供了证据；国产玻璃展现了中国历史上玻璃手工业的产生和发展，及玻璃在社会宗教中的作用。研究结果改变了"中国历史上没有玻璃生产"的误解，得到国际学术界的认可，多篇论文在国际有影响的学术刊物上发表，研究成果被学术界广泛引用。

巾帼不让须眉

——安家瑶先生访谈录

采访者：王　睿、张　宸

采访者：安老师，您好！感谢您接受中国考古网的采访！请问您是怎么走上考古之路的？能否介绍一下您的学术历程？

安家瑶：我走上考古之路并不是一开始的选择。1966年我从北京师大女附中毕业，准备报考清华大学工程化学专业。这可能是受我姑姑的影响，她学化学制药，在医药领域有多项重要发明成果，后来成为中国工程院院士。那时青年的理想多是科学强国。但"文革"开始了，高考取消，我们的大学之梦也就破灭了。1968年我到北大荒——黑龙江生产建设兵团屯垦戍边，在那里锻炼了五年多。结婚后调到甘肃陇西一个三线的厂子里当老师。1977年恢复高考时，我想报考大学，工厂学校校长不同意，说我们是把你当作大学生用的，要考就考研究生吧。1978年我和爱人终于调回北京，在中医研究院情报室工作。我提出了想要考研究生的想法，当时很多人都不理解，但我的室主任很开明，支持我去试一试。从1966年高中毕业到1979年考研究生，这中间已经过去十几年了，再考理工科也不太现实，考古专业对我来说可能相对比较熟悉，所以就选了考古方向。

1980 年 5 月与夏鼐和卢兆荫先生

当时我非常想读夏鼐先生的古代东西交通专业的研究生,考试的分数线是过了,但英语分数没考过熊存瑞。夏先生只收一个研究生,就把我转成宿白先生的学生了。我觉得这也挺好,因为我对历史时期考古更感兴趣。我父亲主要做史前考古,我也不愿和他研究的方向太近,所以就师从宿白先生,走上魏晋南北朝隋唐考古的路了。

我的考古研究道路走得相对比较顺利。一方面和我父亲潜移默化的影响有关,另一方面我有机会直接请教考古学界的老先生。在这个氛围里,总是可以学到很多东西,得到启发和提携。

采访者:您的父亲安志敏先生对您有着潜移默化的影响,您选择考古,安先生是否支持呢? 有没有给过您一些建议和意见?

安家瑶:我们家有四个孩子,我弟弟一直对文科感兴趣,从小就想学考古,但后来他却学医了。我原本打算学化学,最后去学了考古。我父亲比较开明,只要孩子对这方面感兴趣,他都是比较支持的。

我曾经写过一篇关于我父亲的文章,他出生在一个富裕的商人家庭,选择这一行纯属兴趣,就没有在乎过苦与累。我13岁的时候随着父亲回大连探望祖母,他一有空就往山上跑,我就在后面跟着,背着水壶、手铲,当他的助手,当时天气闷热,一壶水两人分。父亲在1962年《考古》第2期发表的《记旅大市的两处贝丘遗址》,记述的就是1961年暑假的考古调查,这次调查开启了我国的贝丘考古。所以在很小的时候我就从父亲那里体会到了考古有多苦,其实苦和乐是辩证存在的,因为经历过苦才会知道乐。有所追求,对苦就不太当回事,才能体会到人生中很多人体会不到的东西。

1998 年 10 月与父亲安志敏于洛阳工作站

采访者： 师从宿白先生，您觉得宿先生对您影响最大的是哪方面？

安家瑶： 好多学生都挺害怕宿先生的，觉得他对学生很严厉。实际上他对学生确实比较严格，但是我觉得这种严格对我们是非常有好处的。比如说我们搞历史时期考古，文献功底必须过关。宿先生第一次见我的时候就要求我通读《资治通鉴》。除了布置作业，他还检查，经常问我读到哪里了。平时宿先生对学生的生活也是严要求，该做什么就做什么，不能提额外的要求。有一次我们几个研究生同学路过九江，希望宿先生能给我们半天时间上庐山看一看，他没有同意。在武昌实习时，他要求我们每天早上 6 点起床，从我们住的老省博物馆跑到东湖，他也和我们一起跑步锻炼，那时他已年近六旬了。在宿先生的影响下，我明白要把考古作为一项事业，绝非仅仅为了混口饭吃。我觉得从做学问到做人，宿白先生对学生的教育是终身受益的。

采访者： 您长期从事唐长安城的考古发掘和研究，现在那里建成了大明宫国家遗址公园，考古成果得以与民众分享，历史古迹与现代生活和谐融合。作为中国古遗迹保护协会副理事长和国家文物局文化遗产专家组副组长，您怎么看考古发掘、遗产保护和现代人生活之间的关系？

安家瑶： 这几个方面是相辅相成的。考古工作是以考古发掘为基础的研究，其终极目的是认识、复原历史。把一段记载历史的文化遗产保存下来，有利于我们当代乃至后代人更好地认识和研究历史。但在发掘和遗产保护中我们往往会面对与当地居民的矛盾。比如我们汉唐室的考古队多负责古代都城遗址的考古发掘，发掘面积往

2011 年 6 月与宿白先生在银山塔林

往都比较大，而这里面多有居民，对于这些居民来说更多地是考虑自身的生存和发展。就像以前大明宫里面的农民就抱怨说，他们是因文物而受穷，因为要保护，不能建工厂不能建商场，所以之前在大明宫内开展考古发掘和文化遗产保护工作时，老百姓的抵触情绪都很大。

采访者： 也就是说考古公园的建设过程中也有很多不同的声音？

安家瑶： 是的。考古遗址公园的建设中存在很多疑问，还有很多矛盾需要解决。这是一项全新的探索。其中有很多问题不是单靠我们考古单位、文物保护单位就能解决的。比如像搬迁问题就需要政府力量，还有很多保护问题甚至需要全社会的力量来解决。作为考古工作者、文物保护工作者，我们最基本的工作就是要守住我们的底线，就是要把遗址完整地保护下来，将来还可以继续发掘。现在遗址公园建成了，环境很优美，以前这里是城中村，没有上下水，没有垃圾处理等，现在这些问题都得到了很好地解决，老百姓的生活得到了改善，抵触情绪也就没有了，同时西安整体的文化氛围也有所提升。虽然对于考古和文物保护来说不完全尽如人意，但是总的来说我们还是守住了底线。因为我在大明宫遗址上工作过多年，深知这个遗址的学术价值和重要性，当然也知道在遗址上生活的老百姓的困苦。作为一个考古工作者，我们首要关心的是学术方面的问题，但是也要有社会责任感。你必须让当地的老百姓认识到要保护这个遗址，而且也愿意为这个遗址做一些事情，并且通过保护这个遗址来改善他们的生活。所以在这个试点上，阻力确实很大，但最终总算做成了。现在社会效果还可以，比当初预想的还要好一点。

采访者： 就是说达到了一种相对的平衡。

2010 年 9 月与王巍所长检查大明宫遗址公园

安家瑶：对。古代遗迹保护和现代人生活的一种平衡，各部门协调下不同群体间的平衡。以前都认为保护文物只是我们考古、文保部门的责任，现在大家逐渐认识到了，地方政府、社会团体及大众保护文物的意识都要提高才行。

采访者：作为全国政协委员，您是如何定位自己的职责的？您为考古文博界提出过哪些提案呢？

安家瑶：从 1998 年到 2013 年，我一共做了 15 年 3 届的全国政协委员，时间比较长。这是一个荣誉，但更多的是责任。刚开始做政协委员的时候，我不知道应该怎么做，基本上是从本专业入手。社科院考古所在我之前的两位政协委员分别是徐苹芳先生和王仲殊先生，我也向他们咨询过都要做哪些准备。在我做政协委员期间，每年我都提两三个文物保护相关的提案。例如 1998 年，我在《人民政协报》发表了一些文章，呼吁对唐长安城圜丘遗址的保护，促使陕西师大同意考古队对圜丘遗址进行考古发掘，并取得重要成果；多年呼吁对大明宫遗址的抢救性保护，使西安市政府决心全面保护大明宫；设立文化遗产日的提案提出得很早，当时根本没有人理睬，但是后来也实现了；丝绸之路申遗、大运河申遗等相关提案，对于这些重要的人类文化遗产能够列入世界遗产名录，尽了一份力量。所以说政协是一个重要渠道，能够推动这些工作的进展。其中比较引人注意的是2005 年关于南水北调考古工作的发言和 2008 年关于中华文化标志城的提案。2005 年南水北调工程已启动，但考古和文物保护的项目还没有落实。我在政协联组会上的发言，引起胡锦涛总书记的重视，他和温家宝总理都在我的发言稿上做了亲笔批示，促使考古工作尽快启动了。2008 年，山东省政协在全国政协大会发言时提出在孔府和邹城之间建立一个中华文化标志城。我觉得这很不妥，"三孔"是世界文化遗产,中国政府对保护遗产的本体和周边环境作过郑重承诺,就连夜写了一个提案,认为中华文化标志城的建设需要重新论证,写完后100多名政协委员签字,同意我的提案。最后,中华文化标志城的项目由建设为主改为文物保护为主。

我觉得作为一个考古界的全国政协委员,必须要为学界以及文化遗产的保护发出声音、起到一定作用。国家考古博物馆是我最后一年的提案,提案的起因是社科院考古所对面正在建的某拍卖行艺术中心。我觉得这非常不妥,本来社会大众对于考古就有很深的误解和曲解,甚至觉得考古和盗墓没什么差别,而现在一个拍卖行就建在我们考古所对面。此外,如今的国家博物馆比较着重于艺术方面,对通史的展览和解读不够细致全面,国博的建筑太高大上,观众很难感觉到出土器物的魅力所在。考古博物馆可以更接近于考古学,能为人民大众介绍什么是真正的考古学。考古学展出讲究出土的一组器物,东西破损了可以修复,并不是只展出精品,考古学展出反映的是一个真实的历史场景。在中国,尤其目前盗墓依然猖獗的情况下,我觉得应该踏踏实实地把真实的历史、真实的考古展示给大众,所以有必要建立一个国家考古博物馆。

采访者:安老师,在主持隋唐长安城的发掘与研究工作之余您还对中国古代玻璃方面有深入的研究,发掘那么忙,您如何安排时间从事自己感兴趣的课题呢?

安家瑶:城址的发掘是长期的工作,比如大明宫面积有3.2平方公里,现在我们只发掘了它的1%。一般来说遗址的发掘过程是很长的,不是一年四季都在发掘。经费的筹措、发掘的申请等都需要时间,那么发掘以外的时间我就主要从事了自己感兴趣的中国古代玻璃方面的研究。

2013 年与宿白先生参观房山刘济墓

采访者：能谈谈您在古玻璃方面的研究心得吗？

安家瑶：我在研究生期间开始了古玻璃的研究。当年选题的时候我想选个稍微小点的、能够把握住的题目。那时候我父亲出国的机会比较多，看到国外的一些玻璃器，提醒了我一句，我觉得做玻璃器挺好的，宿先生也同意。而且我做玻璃器也和我中学时喜欢化学有关，我非常注意对玻璃器化学成分、加工工艺过程的研究。就像现在所说的实验考古一样，我参观了很多玻璃厂、家庭玻璃作坊，自己也亲手做过一些玻璃珠饰。研究玻璃器光看报告和照片不行，必须要摸实物。考古实习的时候，宿先生给我写介绍信，我父亲也介绍朋友帮忙，我争取机会进库房看真东西。我论文里的东西，基本都是亲手摸过的，再用一些样本做了化学检测，这样的话，研究的结论就比较扎实。

我毕业答辩的时候，宿白先生在美国，夏鼐先生是我论文答辩会的主席。夏先生对古玻璃研究也很感兴趣，我和夏先生还讨论过一些问题，虽然观点不完全一致。比方说定县北魏塔基里出土的一些小玻璃器，到底是国产的还是印度的？夏先生推测可能是印度的，但我觉得应该是国产的。老一辈学者治学虽然特别严谨，但是不会干涉你的研究，只要是言之有理、言之有据，老先生们就绝对不会说你这个错了、不能这么做。

玻璃器这个问题，中国学界以前关注得比较少，其实它是中西文化交流中很重要的贸易品，对于丝绸之路的研究非常重要。国外对于古玻璃的研究和国内对古陶瓷的研究一样普遍，玻璃和陶瓷一样也是易碎品，不会使用很多年，所以断代价值也很大。这项研究中，对国外的研究和国内发现的综合性研究是很有意义的。例如国内发现汉代就有罗马玻璃传入，说明古代欧亚大陆的贸易往来。我对于古玻璃研究的体会就是：不能光看图片，要争取看实物；而且像化学成分测定、无损分析等科技手段很必要；同时，这个研究中需要看很多外文资料，有时候还需要和外国专家交流，所以学好外语对于研究也有很重要的作用。

采访者：作为一个女性，从事考古学研究，您觉得有什么优势，又有什么劣势？

安家瑶：20 世纪 50 年代，社科院考古所有很多女性从事考古工作，比如郑振香、刘一曼、李德金、邵望平等，大家都不怕苦，都很能干。女性考古学工作者有优势，一个是女性考古学工作者和不同人打交道时比较容易交流，更善于协调；另一个是女性考古学工作者更细致，比如分析考古现象和安排工作方面。劣势主要是作为女性要承担更多的家庭事务，平衡家庭和工作很重要。这就需要家人的理解和支持，以前我的母亲帮我带孩子，我得以长期在田野工作。现在呢，我也是上面有老母亲要照顾，下面有孙女要疼爱。但我觉得，人生嘛，就是要在不同的角色中调节变换，才更丰富多彩。

其实总的来说，我是比较幸运的。在我念考古的时候，大概还没有多少"考古二代"，外界都觉得考古是冷门，不被重视，而且考古挺苦的。我原来是师大女附中的，我刚学考古的时候，很多朋友都会问我怎么选了这个专业。考古和社会比较脱节，也不能赚大钱，好像学了这个专业就跟吃亏了似的。但是现在完全不一样了，国家领导人、社会百姓都开始关注考古。大众解决了温饱之后，就开始了精神层面的追求，考古学正好能够解答这种"我从哪里来往哪里去"的问题，真没想到考古学还能变成一个热门学科。

采访者：的确，人生因为不同的角色而精彩。安老师，您曾经多

2002 年 12 月与德国学者魏沙彬于威尼斯

次出访国外,与国内外学者及社会各界人士交流合作,您觉得年轻人在和国内外学者交流的时候,应该注意哪些问题呢?

安家瑶:我研究生期间就得到老所长夏鼐先生的提携,有机会接待外宾,锻炼自己的外语和各方面的能力。一些外国学者来访的时候,夏先生就把我叫过去,翻译一些资料。我觉得和外国学者打交道也好,和本国的学者打交道也罢,都要本着一个原则,那就是相互尊重。学术观点可以坚持,但是互相尊重是前提。守时守信,不卑不亢,设身处地为对方着想,是我们与外国学者打交道时应该遵守的原则。我们唐城队与日本奈良文化财研究所合作发掘大明宫太液池遗址时,我们尽可能地安排好他们的生活和学术参观,工地上互相切磋,四年的合作非常愉快,双方都有收获,学者之间也成为了朋友。我与一些欧美、日韩的学者保持联系30多年,成为终生的朋友。因此,1997年我被聘为德国考古研究院通讯院士,并在2004~2008年被选为国际哲学与人文科学理事会(CIPSH)副主席。这样,我得到更多的机会,在国际舞台上宣传中国考古学的成就和我国的文物保护政策。

采访者:的确是这样。那么在采访最后,安老师您对年轻人有什么想说的吗?寄语或期望?

安家瑶:对于年轻人,包括对于现在的自己,我都想说,学无止境,考古工作很多时候都要面对新东西,所以要虚心好学,不断地提升自己。20世纪五六十年代,考古工作还是只有少数人知道的职业,与整个社会的接触很有限,而今天,考古学得到了广大社会的关注和认可,这充分说明我们的生活好起来了,精神层面的追求更多了,这是值得我们高兴的好事情。年轻人的机会很好,在这样的新时代必将大有作为。

采访者：谢谢您在百忙之中接受中国考古网的采访。

安家瑶：感谢你们的采访，再见。

（原文于 2011 年 9 月 14 日发表于中国考古网，经作者修订。）

杜金鹏

2009 年考察南水北调中线渠首

简　介

杜金鹏,男,山东莱州人。1982 年毕业于山东大学历史系考古专业,供职于中国社会科学院考古研究所,历任夏商周考古研究室主任、文化遗产保护研究中心主任,现任中国社会科学院考古研究所研究员、中国社会科学院研究生院教授、中国殷商文化学会副会长、中国文物保护技术协会考古遗址与出土文物委员会主任、中国考古学会文化遗产保护委员会常务副主任、山东大学讲座教授、西北工业大学讲座教授、国家文物局文物保护专家库成员等,享受国务院颁发的"政府特殊津贴"。

学术专长:主要研究领域为夏商考古和文化遗产保护。

曾在著名的偃师二里头遗址、偃师商城遗址从事考古工作 20 多年。主持和参与组织的偃师商城、安阳殷墟考古发掘项目,入选 1997年"全国十大考古发现",荣获国家文物局"1996～1998 年度田野考古奖"二等奖、"2003～2004 年度田野考古奖"二等奖。

创发"实验室考古"、"文化遗产保护类考古"等新理论和概念,积极推动大遗址考古与保护、考古遗址公园建设。编著出版学术著作和科普著作 20 余部,发表论文 130 余篇。学术著作先后荣获第四届"夏鼐考古学研究成果奖"一等奖、第三届"郭沫若中国历史学奖"一等奖、第四届"郭沫若中国历史学奖"提名奖、首届中国考古学会"考古学研究金鼎奖"。学术论文曾获第一、第二届"全国青年社科研究优秀论文奖"、首届"胡绳青年学术奖"、中国社会科学院第二届和第四届"优秀科研成果奖"、首届中国考古学会文化遗产保护专业委员会"考古资产保护金尊奖"等奖项。

心中有灯，脚下有路

——杜金鹏先生访谈录

采访者：郭　薛

郭　薛：您从山东大学考古系毕业之后的十多年间一直在二里头遗址从事考古发掘和研究，这对于一个学者而言一定是非常珍贵的经历，您能跟我们分享一下这段工作对您学术生涯的影响吗？

杜金鹏：1982年至1995年，我在河南偃师二里头遗址工作。我大学毕业来到考古研究所投身考古事业后，就直接分配到偃师二里头遗址考古队，那时的二里头考古队人丁兴旺，郑光、杨国忠、张国柱、屈如忠、刘忠伏，再加上我，老中青结合，工作热气腾腾。还有一帮比我小几岁的技工王相锋、郭相坤、郭献军、王法成、魏宝京、王丛苗、徐安民、郭淑嫩、靳洪芹等，大家相处得如兄弟姐妹般。相继，队里还来了一些更年轻的朋友，如岳洪彬、张立东、张良仁、曹楠、巫新华、施劲松、陈良伟等本所工作人员和研究生，以及杨菊华、张帆等外单位实习生、进修生。那时的工作和生活条件都是比较艰苦的，待遇也较低，但是大家都相处得十分愉快，这是我在二里头遗址工作时的最大快乐。如今，物是人非，屈师傅（当时大家都这样称呼屈如忠先生）已经逝世了，郑光、杨国忠、张国柱三位先生退休了，其他工作人员也都离开了二里头。那些亲如兄弟姐妹的技工们，多数也已各奔东西,天南海北。每次回到二里头考古队,旧地遇故人是最大的欣慰,而原本熟悉的音容笑貌不再呈现,则不免掀起无限的惆怅……

在二里头的日子,我充分享受了上苍的恩典。

其一,我遇到的师友、伙伴,给了我很大的支持、帮助和关爱。队长郑光先生对于考古事业极其忠诚,田野工作十分认真,文献功底深厚,对于夏商考古有着自己的见解。我从他身上,学到了很多很多。那些技工弟妹们,对于我的支持是一贯的、忠实的。我感谢他们。有了这些师友们的支持、帮助,才有我在二里头的发展进步。

其二,我工作在一个独一无二的遗址上。考古学的魅力,在于它的神秘性,考古学家的工作就是破解一个个"谜"——有时看上去像是"猜谜",其实最终是要"破谜"、"解谜"。每个遗址都有无数的谜等待人们去破解,但是这些谜各有各的神采,各有各的价值。在当代中国考古学史上,没有比夏文化研究更吸引眼球的课题;在有关夏文化研究的遗址中,没有比二里头遗址更令人着迷的!几十年来,它牵动着中国夏商考古学最敏感的神经,牵动着中国乃至世界学术界无数人的心弦!可以说,二里头是中国考古圣地中的至尊者之一。(说独尊会有不同意见吧?)1995年,我策划请全国政协副主席、中国社会科学院院长胡绳先生为二里头遗址题词,勒石表彰,胡老让我拟词,我报出的是"天下第一都"!胡老照此写了,派秘书送到考古研究所来。目前,竖立在二里头考古队门前的"华夏第一王都"碑石,论书法水平或许高于胡老题词,论意义却相差甚远了。

说二里头遗址独一无二,意思有四。第一,内涵独特,开创先河。它有若干个"最",如最早的王都,最早的宫城和宫殿建筑,最早的以井字形城市干道分都邑为"九城"的帝都格局模式,最早的青铜器群,最早的青铜冶铸作坊,最早的双轮车(辙印),最大的国际都邑……第

1993 年在二里头考古队驻地与本队考古技师合影

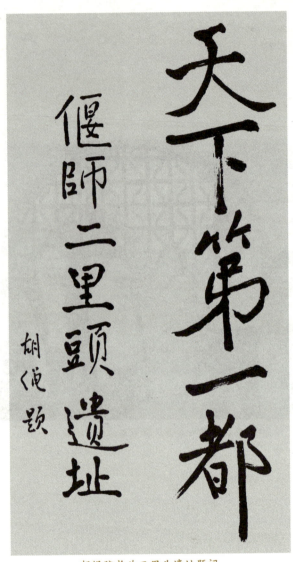

天下第一都

偃师二里头遗址

胡绳题

胡绳院长为二里头遗址题词

二,价值非凡,地位独特。它是中国古代文明从方国文明走向王国文明的转折点,是以中原为核心统一王朝的起始点。在夏商考古与历史研究方面,具有不可替代的作用和地位。第三,埋藏丰厚,地层复杂。兼具史前考古和历史时期考古的双重特点,最能锻炼和考验考古学者的发掘理念与技术。第四,资料丰富,热点凝聚。长期发掘累积大量考古资料,且围绕二里头遗址的研究论著相当丰硕,对于在二里头从事考古的人来说,十分有利。因此,让我到二里头遗址工作,是天赐良机!

由于天时、地利、人和三方面的条件具备,我在二里头遗址的考古生涯基本上比较顺利,也算成功。在这里,我慢慢掌握了考古发掘的理念和技术,学会了对复杂地层和遗迹的辨认处理。逐渐领略了二里头遗址的风采,对它的内涵、价值日益熟悉。从这里走进了学术殿堂,学会了考古科研的基本方法和套路。回顾这段历史,自认为贡献在于对二里头遗址的保护和发掘做了力所能及的工作。尤其是在刘忠伏、屈如忠、张国柱、杨国忠等先生相继离开二里头考古队之后,队里只剩下郑光先生和我,日常工作需要我打理。1994、1995 年我领队主持发掘,在祭祀遗存方面有重要发现。此前的四区铸铜遗址、六区祭祀遗存和墓葬发掘等,我也献力甚多。此外,在改善科研条件方面,我付出了很大努力。包括考古队主楼建设、门楼与道路建设等,占用了我相当多的精力。

当时的我,在二里头考古队只是个配角。不能主导科研方向,不能决定工作重点,能做的就是很好地完成自己的工作任务。因此,我能贡献的很少很少。

尽管我捧着二里头遗址这个"金饭碗",但是,在这个时段里我写出的文章,大多与二里头遗址无关。我参加了此间二里头遗址绝大多数发掘项目,执笔或参与署名的发掘简报只有3篇。但我发表的文章多与二里头无关,却是自己的选择。因为,对于二里头遗址和二里头文化,我所认识的毕竟很少很浅,言多必失,势必妨碍日后学术回旋。另外,只盯着一个遗址势必影响科研视角和层次。

但是,二里头遗址对于我的学术研究生涯,实在是太重要了。

在我离开二里头遗址之后,发表了一些有关二里头遗址和二里头文化的论文,这些研讨是从承担《中国考古学·夏商卷》开始的,自己认为满意的成果是:关于二里头文化和二里头遗址定性的见解,关于二里头遗址都邑布局规划的讨论,关于二里头宫城和宫殿建筑的研究,关于二里头遗址祭祀遗存(坛墠)的认定,关于"中国龙"的阐述。这些成果与我在二里头遗址的考古经历密切相关。

二里头遗址滋养了我的学术生命,我也把青春献给了二里头遗址。

郭　薛: 在您随后作为主持者参加的偃师商城的考古工作中,您又有什么不同于之前二里头遗址发掘时的出发点和认识呢?

杜金鹏: 1996年,我奉调来到偃师商城考古队任队长,踏上了新的学术征程。走上这个岗位,并非我的意愿,因为我还深深眷恋着二里头遗址。但,组织的决定还是要服从的。

来到偃师商城,身份变了,工作对象变了,合作伙伴变了,科研课题也变了。

来到偃师商城,也是上苍的恩赐。

在这里,我又入天时、地利、人和之佳境。

在这里,有我情同手足的伙伴。王学荣——为人厚道,德才兼备,作风稳重,勤奋敬业;张良仁——憨厚老实,钟情学术,吃苦耐劳,

1996 年邹衡先生等考察偃师商城二号宫殿发掘现场

不计荣辱;谷飞——天性诚实,做人本分,清心寡欲,无私无畏;许宏——沉稳干练,功底厚实,思想活跃,学路宽阔;岳洪彬——爱岗敬业,技术纯熟,思路开阔,积极肯干。

时任考古研究所领导刘庆柱先生、夏商周考古研究室领导高炜先生,对于偃师商城考古工作给予了很多指导与支持。新任研究室主任王巍先生,为帮我腾出时间完成《中国考古学·夏商卷》的写作任务,曾到偃师商城亲自挂帅任领队发掘宫殿基址。还有,已经退休的胡秉华、杨国忠、王杰等先生,也到偃师商城助战。

在这里,有个名扬天下的考古阵地。偃师商城是新近发现的商代早期都邑遗址,它与二里头遗址比肩而居,保存较好,布局清楚,考古潜力大,在夏商考古方面具有独特地位,因而深受学者关注。

在这里,适逢良好的学术机遇。我初到偃师商城,与两个学术课题幸运相逢:其一,支持《中国考古学·夏商卷》的编撰。《中国考古学》是个事关考古学科发展的重大课题,为国家社科重点项目。我受命负责撰写《夏商卷》中夏文化、二里头文化等内容。课题组在杨锡璋、高炜先生的带领下,就夏商考古学文化框架进行了反复论证,达成一致的认识是:以偃师商城的始建作为夏商文化的界标,从而勾勒夏商文化轮廓。那么,偃师商城始建于何时,这个问题就是我们要解决的紧迫课题。其二,国家启动了跨学科重大科学攻关项目"夏商周断代工程",其中,"偃师商城的年代与分期"是工程的子课题之一。我有幸成为这个课题的主持人。接过这两面学术大旗,我把它们插在了偃师商城的城头上,组织大家展开了持续数年的攻坚战。

在这里,实践告诉我,在学术攻坚战中,人是第一位的。作为称职的考古工作者,必须具备优良的学术素养、自觉的学术意识、积极的学术精神、娴熟的学术技能。要有个团结和谐、积极进取的团队。

1997 年发掘偃师商城东北隅城墙

考古研究所把领导偃师商城考古工作的重任托付给我,我也就获得了展示才能、贡献才智、回报社会的机会。

与在二里头相比,我拥有了学术主导权、工作主动权,可以把自己和同事们的学术理念付诸实践。这是一种奉献,也是一种幸福!

在主持偃师商城考古工作期间,我始终秉持的原则是:每项发掘都必须与学术课题紧密相连,工作目标务必清楚。即便是配合基本建设的考古发掘,也必须设定明确的学术目标,以期解决相应的学术问题。考古发掘不只动铲子,更要动脑子。

郭　薛: 能简单介绍一下您在偃师商城的考古工作中有哪些重要学术收获吗?

杜金鹏: 首先,偃师商城的所有考古成果,都是大家共同努力的结果。不是某个人的独有成绩。

在我主持偃师商城工作期间,重要发掘项目有:大城北城墙的发掘、大城东城墙的发掘、大城西二城门的重新揭露、小城北城墙的发掘、小城东城墙的发掘、宫城中西部宫殿基址的发掘、宫城北部祭祀遗址的发掘、宫城北端池苑遗址的发掘。

这个时段的主要学术收获有:

关于偃师商城的文化分期。在综合新旧考古资料的基础上,我们把偃师商城商文化分为三期7段,涵盖了偃师商城的整个兴亡过程,且连续无间断。为有关遗迹现象的断代提供了标尺。

关于偃师商城的建造年代。对大城北城墙的发掘,首次以明确的地层依据,把大城的建造年代卡在很小的时间范围内,证明大城城墙的建造大体上在偃师商城商文化第2、3段之际。大城东城墙的发掘进一步印证了这个认识。大城西二城门的重新揭露,证明小城早于大城。对西二城门内侧墓葬资料的重新整理,证明大城应建造于

1997 年陪同李伯谦先生考察偃师商城二号宫殿发掘现场

商文化第3段。小城北城墙的发掘,以可信的地层证据,推定小城至迟在商文化第2段偏早时候已经建成使用。宫城宫殿基址排水沟内出土陶片可早到商文化第2段,证明此时宫城已经初具规模。而在宫城北部祭祀沟内发现商文化第1段遗存,说明此时宫城已经存在。如此,偃师商城应该始建于商文化第1段时候。

关于偃师商城的内涵与布局。确认先后建有小城、大城两重城垣,大城在小城基础上扩建而成。宫城位于小城中部,宫城的西南、东北方向各有府库建筑群。宫城的南面和西面,分布若干大型夯土建筑基址,应是重要宫室建筑的组成部分。手工业作坊主要分布在城址东北部,包括铸铜、制陶作坊等。偃师商城水利设施,除了围绕在城外的护城河之外,城内还有供水排水系统的存在。给水主要是引自城西、灌注于宫城水池的渠道。排水则有宫城水池排水渠道和宫殿建筑下的排水渠道。

关于偃师商城的宫城布局和宫室制度。宫城内北端是以人工水池和渠道为主的池苑遗存。其南面为祭祀场,有祭祀沟、祭祀坑等。再南面是宫殿建筑。宫殿建筑大体分为东西两区,东区包括四、五、六号基址,西区包括二、三、七、八、九号等基址。或许,当时已有宫庙分置、前朝后寝制度。

关于偃师商城的性质。根据新的考古发现——城市布局、内涵、年代,我们主张它是商汤灭夏之后营建的都邑,即后人所谓西亳。与此前学者的偃师商城西亳说相比,我们在建城年代认定方面,有更加确凿、准确的依据。

关于"偃师商城为夏商界标说"的论证。我们提出以偃师商城的始建作为划分夏商文化的界标,起初是解决《中国考古学·夏商卷》建构夏商文化框架时提出的,后来引入"夏商周断代工程"中,成为工程的标志性成果之一。尽管在偃师商城与郑州商城的年代关系上、在单界标还是双界标上,学者尚有争议,但是偃师商城可以作为夏商文化的界标,学术界基本上是普遍认可的。

就我个人而言,学术上的收获还有:把二里头遗址与偃师商城遗址、郑州商城遗址统合起来研究,在夏商文化认识方面产生重大转变,即放弃了一直以来坚持的夏商文化分界于二里头文化二、三期之间的观点,转而认为夏商文化分界,约在二里头文化第四期内,至迟在二里头文化第四期偏晚阶段,完成了夏商王朝的更替。早在二里头遗址工作时,我就关注偃师商城,写过两篇与偃师商城有关的文章,但是,其出发点还是立足于二里头遗址和夏商文化分界于二里头文化二、三期之间说。及至来到偃师商城,亲自从事发掘,亲手摩挲出土器物,从另外的角度审视问题,方才有了不同于以前的认识。

对于别人的观点,要敢于质疑;对于自己的观点,要勇于否定。

能到偃师商城工作,好幸运,好幸福。

郭　薛:您的《封顶盉研究》和《商周铜爵研究》都获得了当时的"全国青年优秀社科论文奖",您能谈一下当时创作这两篇论文的出发点和主旨吗?您对于类型学在考古中的应用有什么想法?

杜金鹏:这两篇小稿除获得"全国青年优秀社科论文奖",还获得过首届"胡绳青年学术奖"、中国社会科学院第二届"优秀科研成果奖"。

在我的学术论文中,曾经涉及学术理论、古史传说、历史地理、宗教艺术、夏商考古、史前考古、古代建筑、酒具与酒文化等,希望通过"杂食"丰富自己的学术视野。

写这两篇文章的初衷,是摸索器物类型学研究方法。在我的学术实践中,曾尝试对不同的学术课题、研究方法进行探索。因此,

荣获首届"胡绳青年学术奖"

虽然自己是从事夏商考古的,但对于史前考古也做过试探,对于文化、文物、文明等方面的课题,分别进行研究。希望多层面、多角度地开展学术研究。

器物类型学研究,其目的首先是建立考古学文化的时间序列。从这个意义上讲,类型学是考古学研究的一个手段、一种工具,本身并不是考古学研究的目的。此外,类型学研究也可以为文物学提供支持,用于说明文物造型的变化轨迹,揭示其变化的原因。

郭　薛: 据知,您担任夏商周考古研究室主任十年,这期间该研究室的考古科研有什么重要进展?

杜金鹏: 夏商周考古研究室人才济济。在我主持该研究室工作期间,依靠考古所党委的支持和各位同事的努力,各个考古队都取得了可喜成果:襄汾陶寺发现龙山时代城址、大型夯土建筑遗迹(许多学者认为可能与天文观测有关);偃师二里头遗址发现井字形城市干道、宫城城墙、手工业作坊围垣、绿松石器作坊遗迹、随葬绿松石龙的贵族墓葬、一组宫殿建筑基址;偃师商城发现小城、商王祭祀场、王宫池苑,发掘大城和小城城墙、多座宫殿建筑基址;发现安阳洹北商城,并发掘其一号宫殿基址;安阳殷墟发掘花园庄54号高级贵族墓、孝民屯商代铸铜遗址、小司空贵族家庙遗址、安钢车马坑群等;沣西遗址发现先周与西周文化的地层关系;周原遗址发掘云塘等西周宫殿建筑基址。这些考古成果为解决一系列学术问题提供了科学依据,在学术界产生了重要影响。

作为中国社会科学院的重点学科主持人,对夏商周考古学学科建设投入了大量精力。从课题设置,到人才培养,从组织活动,到成果刊布,做了不少工作。在出人才、出成果的总体目标下,采取若干措施,把夏商周考古研究室建设成了具有较强战斗力、在学术界享有很高声誉的科研集体。创办《三代考古》,为本研究室同仁开创了一块学术园地,推动了夏商周考古学学科建设。以本研究室科研人员为主编撰的《中国考古学·夏商卷》、《中国考古学·两周卷》,是九卷本《中国考古学》中最先出版的两卷,在学术界反响极佳。

郭 薛:在从事多年的田野考古工作及之后,是什么促使您转向文化遗产保护事业?

杜金鹏:这个问题很多人问过我了。一个考古工作干得还算不错的人,掉头干上别的事,总会让人觉得唐突、不解。

我投身文化遗产保护事业不是因为厌倦考古,而是因为太热爱考古。

在二十多年的考古发掘研究经历中,我目睹了考古遗址破坏之迅速和严重,考古遗址保护之艰难和困苦。在偃师二里头遗址时,保护工作十分困难,效果甚微。在偃师商城时,保护工作较前大有进步,但仍不能如意。对考古人来说,丢掉了遗址就等于丢掉了饭碗,破坏了遗址就等于破坏了学科前程。为了考古学的可持续发展,必须保护遗址!有谁会比考古人更珍视遗址呢?我们能指望别人来保护遗址吗?当然不能,于是,我就做这个事情了。

考古与文化遗产保护,本是姊妹学科。尤其是考古遗址和出土文物的保护,与考古学更是关系密切。以往,从事这两个学科的专家学者,是有不同身份界定的,真正跨学科的专家不多。这种情况限制了文化遗产保护学科的发展,实际上,对于考古遗址和出土文物的保护,没有考古人的全程深度参与是做不好的。毕竟,考古遗址是他们日常耕耘的园地,出土文物是他们亲手收获的果实,对于遗址和文物的了解无人能比。因此,考古人从事文化遗产保护,是十分必要的,也是十分可行的。为此,我甘愿放下考古,挑起文化遗产保护的担子。

把研究方向转向文化遗产保护的另外一个原因,是个人性格。我比较喜欢挑战自我,喜欢创新性的工作。在熟悉了考古学以后,希望有些新鲜的学术尝试。当然,我也不是完全放弃考古而专事文化遗产保护。现在是"脚踏两条船",希望使两条船并肩前行。在我心中,有个更远的目标,就是考古学与文化遗产保护学的最终融合——"文化遗产学"。一般地,我们把考古学归为历史学范畴(理由:考古学研究的是人与社会),将来也许会有另外的归并办法。"文化遗产学"的任务主要有三项:其一,揭示文化遗产内涵、性质与价值,主要依靠考古调查、发掘、研究,此外还有古籍整理、非物质文化遗产的整理;其二,文化遗产本体的保护、保存,主要是古迹遗址和出土文物保护、修复,古籍修缮等;其三,文化遗产价值的实现、传承和发展,主要包括古迹遗址和文物的展示、利用,古籍出版,非物质文化遗产推陈出新等。可见,考古、文化遗产保护、博物馆学科是文化遗产学的基本支柱。

郭 薛:您能简单介绍一下您个人或者文化遗产保护中心承担过的文保项目吗?您对多学科合作及公众参与其中有什么想法?

杜金鹏:在考古研究所文化遗产保护研究中心成立之前,我承担过的文保项目主要有:主持制定"偃师商城东北隅考古发掘现场保护方案"、"偃师商城宫城遗址保护规划及第一期工程实施方案"、"偃师商城宫城遗址保护规划第二期工程实施方案"、"安阳殷墟保护展示方案",参与制定"偃师商城遗址保护规划"等。文保中心成立以来,我主持的文保项目主要有:受国家文物局委托,参与推荐"百处大遗址"名单、参与制定"百处大遗址保护纲要";与中国文化遗产研究院和中国建筑研究院建筑历史研究所等单位合作,制定"偃

東アジア文化遺産保存 2015 in 奈良 国際シンポジウム

2015年8月26日(水)～29日(土)
奈良春日野国際フォーラム甍 ～I・RA・KA～

主催：「2015 東アジア文化遺産保存国際シンポジウム in 奈良」組織委員会

2015 年出席东亚文化遗产保护论坛

师二里头遗址总体保护规划"、"偃师二里头遗址保护详细规划"、"偃师商城遗址保护方案"、"隋唐洛阳城遗址总体保护规划"等;与王巍先生共同主持"文化遗产保护与当代中国社会"项目。本中心的其他文保项目还有:承担多家科研、文博单位的文物修复任务;承担多家考古单位的考古现场文物起取保护、遗址保护和实验室发掘任务;承担国家科委、国家文物局"文物保护科技支撑项目"之"考古发掘现场文物保护·考古移动实验室研发"课题;承担我院"国情调研"课题"大遗址保护的历史与现状调研",完成对殷墟等 6 处大遗址的调研工作;承担我院国情考察活动"文化遗产保护考察",完成丝绸之路文化遗产保护考察、西南地区(川、黔、渝)文化遗产保护考察、东南地区(闽、浙)文化遗产保护考察;与清华大学合作承担科技部"指南针计划"之"古代人居环境研究预研究"课题。

文化遗产保护需要多学科专家的通力合作。多视角、多层面研究,是本学科的突出特色。其至少涉及人文、社科、理工诸领域的考古、文物、环境、景观、规划、建筑、信息、物理、化学、生物、艺术等学科。

公众参与文化遗产保护是历史的必然、事业的基础,应该大力宣传文化遗产保护的必要性、紧迫性,把公众吸引到文化遗产保护事业中来。虽然在我国,文化遗产保护主要是政府行为,但是公众行为应该日益加强。近年来,我致力于公众教育,是为了让更多的人了解考古,热爱考古。我支持考古发掘工地向公众开放,希望将来我们的考古工地上能出现"考古义工"。

郭 薛:目前中国的文化遗产保护事业中,很多地方政府部门的参与都是以经济利益为目标,考古工作经常处于被动地位,您对这种现象有什么看法?您认为考古出身的学者应该在文化遗产保护中担任何种角色,负有什么责任? 您认为中国大遗址保护或文化遗产保护现状如何? 存在哪些问题?

杜金鹏: 在文化遗产保护工作中,地方政府看重经济利益,这是事实。至于如何看待,我觉得应有个正确的态度。首先,追求经济利益,在文化遗产保护中不应是排斥选项,文化遗产保护利用的目的,也包含着创造一定的经济利益、改善人民生活水平。其次,牢记文化遗产是全民资产,不是文物考古界的"私产"。任何国民,有权利从文化遗产保护利用中获取实际利益。另外,还要换位思考。目前,对于文化遗产保护事业,国家还不能做到"全包全揽",地方政府也要有所投入,让遗产地自我造血是一种办法。当然,对于文化遗产的任何利用都必须确保文化遗产自身的安全,这个红线不能逾越。面对这种情况,我们考古人能做的,除了理解,就是要积极宣传,积极引导,把好学术关口,守护好阵地。真正解决这种矛盾的出路,在于尽快制定有关文化遗产利用的法规,加大国家对于文化遗产保护的财政投入,把文化遗产保护与地方政府政绩考核挂钩,改革文化遗产保护管理体制。

考古工作者在文化遗产保护,尤其是古迹遗址的保护中,承担着多重责任:第一,要对文化遗产的内涵、价值作出阐释——调查、发掘、整理、研究;第二,要适时、妥善保护文化遗产——修复、保护;第三,要向社会介绍文化遗产——宣传、教育。对于文化遗产保护、展示、利用,考古人应该积极支持,踊跃参与,献计献策,为文化遗产保护事业的可持续发展贡献力量。

中国的大遗址数量多,种类杂,分布广,危机重,保护难度大。可以说是任重道远,但目前势头良好。国家对于大遗址保护空前重视,启动了大遗址保护工程,大遗址保护在全国已蔚然成风。但是,大遗址保护在理论思想、政策法规、组织领导、管理体制等方面,均存在准备不充分的缺憾,目前还在"摸着石头过河"阶段,这必然会导致一些不足和失误。

郭　薛：近年来很多高校和中国社科院相继开设了文化遗产保护专业,您对这个新兴学科的建设有什么想法,对学习这个专业的青年学生有什么建议?

杜金鹏：文化遗产保护是个新兴学科,大学和科研机构设立文化遗产保护专业,必将为文化遗产保护学科建设之人才培养、理论创建、技术发展等起到积极的推动作用。

值此文化遗产保护事业方兴未艾之际,投身文化遗产保护事业的青年学子,作出了富有前瞻性的选择,占得了学术先机。在这个领域中,广阔的原野任君驰骋,人才的匮乏,任务的繁多,会给有志于此的朋友以无限机会。但望进入该领域的青年朋友,脚踏实地,刻苦钻研,拓宽视野,夯实基础,将来在文化遗产保护事业上建功立业。

郭　薛：您作为文化遗产保护研究中心的主任,对中心的发展和学科建设有什么想法?

杜金鹏：本中心的宗旨是利用本研究所在文化遗产保护领域的学术资源和交流网络,建立一个考古发掘、遗产保护、综合研究、开发利用等多方面互动交流的研究平台,弘扬中华传统文化,推动我国文化遗产的保护工作。目标是建成全国最具实力的文化遗产保护科学研究权威机构——建设中国考古发掘和文化遗产保护领域交流、合作的重要平台;成为中国文化遗产保护,尤其是遗址保护领域重要的思想库和信息库;成为中国遗址保护领域较权威的专家库和咨询机构;成为中国文化遗产保护领域较有特色的综合型研究和培训基地。

主要任务是开展文化遗产保护政策法规、文化遗产保护科学与技术研究,指导和配合古代遗址考古发掘工作中的文化遗产保护工作,承担实验室考古发掘任务、文化遗产保护规划和实施方案的制定工作、出土文物修复和保护工程,进行中外文化遗产保护学术交流、培训等。

我们的近期目标是:基本完成考古与文化遗产保护的学科整合,走出一条以考古发掘与研究为基础、遗址和文物保护相配套、传统技术与现代科技手段相结合的文化遗产保护新道路。初步建成满足基本科研需要的实验室、工作室。进一步优化科研队伍,提高科研能力和水平,使之成为国内一流的文化遗产保护专业学术机构。

郭 薛:感谢您接受中国考古网的采访!

(原文于 2009 年 9 月 23 日发表于中国考古网,经作者修订。)

高星

2009 年在河南灵井观察标本

简 介

高星，1962年生于辽宁省宽甸县，中国科学院古脊椎动物与古人类研究所研究员、博士生导师。1985年获北京大学考古系学士学位，1988年获中国科学院研究生院硕士学位，2000年获美国亚利桑那大学人类学系博士学位，并入选中国科学院"百人计划"。曾任中国科学院古脊椎动物与古人类研究所副所长、周口店古人类研究中心主任。现任亚洲旧石器考古联合会主席，中国考古学会旧石器专业委员会主任，吉林大学和西北大学兼职教授，中国社科院古代文明研究中心客座研究员，《第四纪研究》和《人类学学报》副主编，《中国科学》、《考古》、《考古学报》等期刊杂志编委。享受国务院颁发的"政府特殊津贴"。

学术专长：主要研究领域是旧石器时代考古和现代人起源与演化。

主持国家科技基础性工作专项、中国科学院战略性先导科技专项、国家自然科学基金等研究项目，曾主持重庆三峡库区、湖北丹江口库区旧石器时代遗址的抢救性发掘项目和水洞沟、周口店、泥河湾等古人类遗址或区域的发掘与研究工作。

致力于从物质遗存的角度探讨现代人类起源，用考古证据系统论证东亚古人类"连续进化、附带杂交"的理论；提出现代人起源与演化的"区域性多样化模式"；提出中国古人类演化的"综合行为模式"；提出中国旧石器时代的"两期断代"说；提出东亚旧石器时代手斧"本土起源+外来影响"说。发表核心期刊论文100余篇、科普文章50余篇，编著专著10余部。

探人类之源，尝学术之先

——高星先生访谈录

采访者：涂栋栋

涂栋栋：高老师，您好！谢谢您接受中国考古网的采访，我们就从一个大众化的问题开始，您是如何走上考古道路的呢？

高　星：这个问题很简单，是考古选择了我而不是我选择了考古。人生会有自己的选择，但也会有历史大潮的推动或社会给你界定的角色。从小学、中学到大学这是一个过程，大家就这样走，考试一直要保持好的成绩，考大学要选择一个合适的专业。当时我是选择了别的专业的，但是在(志愿书)栏目里选择了服从调配，后来北大在辽宁招生的老师跟我熟悉以后对我讲，当时考古专业在服从调配的学生里有优先挑选的权力，辽宁有两个名额，我就是被挑中者之一，所以说是考古选择了我。

涂栋栋：从目前中国考古学的体系来看，旧石器考古算是比较冷门的一个学科，您当时为何选择学习旧石器考古呢？

高　星：我选择旧石器考古也有一个纠结的过程，刚才讲过我不是主动选择考古，所以对考古并不了解也没有很大的兴趣，在很长时间内想脱离这个行业，转到自己想做的专业里去。于是有这么一个纠结、痛苦的开始。（上大学后）头一门课是旧石器考古，我并不是一开始就十分喜欢并投入其中的。但我从小就是一个乖学生、好学生，任何课程都要学好，争取好的名次，所以到大学也带着这种习惯，虽然不是很喜欢，但很努力地学，希望有一个好的成绩。大学第一学期在旧石器考古的专业课上表现还不错，授课的吕遵谔先生对我也比较满意。同时我也受到顾玉才的影响，我们是同班同学，又是一个宿舍的，还都是辽宁来的，所以关系很好。他很早就对旧石器考古感兴趣，从第一学期开始就有强烈的志向要做旧石器时代考古。他经常对我说不如我们一起做旧石器吧，挺有意思的，尤其辽宁的旧石器遗址很多。我觉得也可以，就做做看吧。后来跟他一块儿和吕先生以及高年级的学长王幼平等有比较多的互动，我们经常到吕先生家里去谈话、看标本，蹭吃蹭喝（笑），就这样逐渐对旧石器考古感兴趣了。后来继续学习时，发现后段考古对我的吸引力不是很大，虽然我也努力保持一个好的学习成绩，但先入为主，觉得旧石器考古还不错，可以做下去，这有点儿"先结婚后恋爱"的感觉。

涂栋栋： 您是在北大读的本科，能不能讲讲本科学习期间您印象比较深刻的人或事呢？

高　星： 在北大，我受益匪浅，我的人生观、一些学业的思想都是在北大养成的。北大的环境非常开放，和外界的学术思想有多方位的交流。我特别喜欢北大的讲座，有许多学界和社会名人，以前听来如雷贯耳，但没有机会面对面交流，现在都被请到北大做讲座，我经常去听，受益非常大。当时北大考古有一门讲座课，邀请一些著名的考古学家给我们展示考古学的丰富多彩。另外，北大的环境很宽松，学生可以自主选择发展方向，对我影响也很大。北大师生之间、同一年级和不同年级之间都有互动，有相互交流和促进的机会，高年级学长们给我很多启发和引领。北大的声誉和社会影响力，丰富的图书资料，与其他考古机构的良好互动和合作关系，都会指引我们的方向，将我们凝聚在一起。

涂栋栋： 您硕士阶段是在中国科学院古脊椎动物与古人类研究所学习的，能不能谈谈您当时为什么会选择古脊椎所呢？

高　星： 这件事也有点阴差阳错。其实最开始还是想在北大继续读硕士，读吕遵谔先生的研究生。报名之前我们在陕西铜川做毕业实习(那时北大考古有两个学期的田野实习，分别被叫作生产实习与毕业实习)，半年都在穷乡僻壤，不了解相关信息。要报名了，我们提前一两天回到北京，突然两眼一抹黑，发现北大旧石器考古不从本科生中招收研究生，而是要从社会上招一个研究生班，不给我们机会。我和顾玉才就没有报考当年北大的硕士研究生，后来顾玉才直接回辽宁省博物馆工作了(那时博物馆里含考古队，没有独立的考古研究所)。我呢，要改到别的方向已经晚了，毕竟为旧石器考古还做了一些准备。查阅招生资料后发现中国科学院古脊椎动物与古人类研究所(简称古脊椎所)招收一名旧石器考古方向的研究生，两位老师——邱中郎先生和张森水先生合招。仿佛落水者遇到一根稻草，看到一线希望，就赶快报名了。在这之前，北大和古脊椎所互动比较多，包括贾兰坡、吴汝康、张森水、邱中郎老师都给我们讲过课，我们也去古脊椎所观察过古人类化石和石器标本，也读过古脊椎所老师的一些著述，对那里的情况比较了解。虽然在情感上还是希望继续在北大读硕士，但能在古脊椎所深造也是不错的选择。孰料报考后又几乎没能进入这个大门，当时我在同学常青的陪同下闯到邱中郎老师家里(张森水老师当时在国外)，他听完我的述说后直率地跟我说你不应该报，因为我们这个名额是内定给所里一个年轻人的。我很沮丧，说已经报了而且时间已过没有办法更改。先生很善解人意，说那就好好准备考试，如果你考得比内定的年轻人还好，我们就争取一下名额扩招。我就抱着这一线希望拼命复习准备，结果考得真的比原来所里内定的那位年轻人的分数要高，研究所也如愿争取到一个扩招的名额，我就这样挤进来了。

涂栋栋：您能讲讲在古脊椎所学习的情况吗？

高　星：开始时在古脊椎所不太适应，这里和北大的环境不太一样，是以研究为主，书卷气更浓，到处都是脊椎动物化石和古人类的标本，跟社会比较脱节，研究方向比较窄。但是适应一段时间后我就喜欢上了这里。这里的学术氛围非常好，比较单纯，大家早晨都在读外语，每天都在做自己的研究，有很多野外的工作，去发掘，寻找化石、石器标本等，有发表论文的要求与机会，是一个理想的学习、科研的环境。还有一个方面让我非常喜欢，就是它的国际交往非常多。古脊椎所在 1929 年就有雏形了，它的成立始于中国地质调查所和美国办的协和医学院在周口店的合作发掘与研究，前身叫作新生代研究室。它一开始就是一个中外合作的科研机构，后来一直在与国外的交往、国际化方面做得非常好，包括在"文革"期间，古脊椎所的科研工作也没有完全停止，与外界也没有完全中断合作，所以在这里感觉视野更加开阔，在很多问题上可以接触到国际性的前沿研究。比如学者的互访，古脊椎所经常有老师去国外考察，国外也经常会有学者来访问交流。当时我经常陪着邱中郎老师、张森水老师的一些外国客人去一些遗址考察，有机会跟他们进行交流，既锻炼了外语同时也可以看看外边的人是怎么做事情的，觉得很新奇，对他们的文化、行为方式和研究视角有了一些了解，觉得自己的视野在逐渐开阔，思考的学术问题也逐渐增加了。

涂栋栋：您硕士毕业后在古脊椎所工作了 4 年，然后去国外读了博士，当时您为什么在工作后又想到去国外继续深造呢？

高　星：有一个原因就是人生在前行的过程中会被社会的潮流推动。我们那个时候出国的意愿非常强烈，当时刚刚改革开放，百废待兴，许多事情都要向西方学习。那个时候读硕士或博士，到国外去是一种天然的向往和追求，没有出去就会有一种失败的感觉。当时大家都在学外语、考托福，准备到国外去，你会自觉不自觉地做着这方面的准备。

另外我还撞到了一个非常好的机遇。美国科学院当时有一个机构叫美中学术交流委员会，在北京设立了一个办事处，每次要派一位懂中文的美国学者来主持办事处的工作，这个人要了解中国的文化，对中国的学术有兴趣，与中国有学术上的联系。它的协作单位是中国科学院，中国科学院要遴选一位青年人作为该学者的助手，名曰主任助理，协助其工作。1990～1991 年那届派来的主任叫作 John W. Olsen，贾老给他起中文名字为欧阳志山。他的父亲 Stanley Olsen 早先就与古脊椎所有密切的业务联系，与杨钟健先生等建立了良好的私人友谊。之前我就跟欧阳志山先生有很多的接触，包括听过他的学术讲座，陪同他到周口店参观，到张森水先生家做客等，相互之间比较了解。科学院了解到这样的情况后就指定我们所选派一个年轻人去协助他工作。这是难得的学习机会，也为我出国提供了一辆便车。当时为了保持平衡，张弥曼所长从三个研究室里各选了一位年轻人，到该办事处找一位华盛顿来的上级领导面试，我就被选中了。于是我与 Olsen 先生一起工作了一年多。当时刚经历一场重大风波，中美关系受创，我们在一定程度上肩负着重启中美学术关系的重任，敏感而又不易，但我们很好地完成了既定的工作目标，做了很多有益的工作。按照美中学术交流委员会的规定,在这期间会发给我一定的生活补贴,但并没有按照美方的标准来发工资,而是把工资留在美国,当助理工作届满后到美国去做一年的访问学者来使用这笔钱,我就是遇到了这样一个便利的机会。

我在古脊椎所学习、做研究和与西方学者的交往中强烈地感觉到当时我们的学术在很多方面是滞后的,尤其在一些学术思想、理念和方法方面非常落后,不能跟国际接轨。古人类学和旧石器考古学是一个世界性的学问,应该是不分地域、不分国家的。中国是一个材料大国,我们的材料应该为世界的学术界作出贡献,同时有很多外国学者也对中国的材料感兴趣。但我们因为语言的障碍以及长时间与外界学术交流的中断,许多方面衔接不上。给我印象非常深的是1989年10月在房山召开的纪念北京猿人发现60周年的一次国际学术会议,那是我第一次参加国际学术会议,作为刚毕业的年轻人,主要是做会务工作和带领国际学者参观考察,到山西、陕西参观丁村遗址、蓝田人遗址、大荔人遗址。在陪同的过程中与外国学者有一些互动,用英语勉强与他们交流,常常感觉自己像一个小学生。在会议中,我受到的触动非常大,我发现中国学者与西方学者讲的完全不是一回事,不但语言不同,学术问题、研究视角也存在很大差别。中国学者用磕磕巴巴的中式英语讲述我们的遗址出土了什么标本,这些标本的形态、类型、大小、数量,而西方学者讲的是学术问题及其研究进展,如人类的起源和演化过程,人类的行为方式,如何解析考古材料等。虽然同是一个行业的,但我感觉差距非常大,西方那种有学术思想引导的研究对我产生了强烈的吸引力,我就觉得我们的研究一定要向西方学习,取长补短。我有了强烈的动力,加上有美国科学院经费的支持,1992年秋天我就去了美国,头一年我是访问学者的身份,第二年我才转入留学生身份。我当时就想去那里好好地系统地学习,变成一个国际性的学者,而不是只能对我们本土的材料就事论事,做低端的考古匠。

涂栋栋: 我也有一些同学在国外学习,他们在国外的学习很苦,您能不能讲讲在亚利桑那大学的学习经历呢?

高　星: 确实是挺苦挺累的,而且有的时候是挺孤独无助的。当时和现在的情况非常不一样,现在我的一些学生出去就方便多了,更容易适应。现在年轻人的英语水平比我们那个时候要好得多,接触的资讯跟西方已经接轨,物质生活条件也接近,适应起来不难。我们当时学外语非常不容易,真正与西方学者交往和听原声的机会不多。我记得我到美国的第一站是洛杉矶,当时要转机到亚利桑那大学的所在地图森市,机场在播报一些转机的信息,但是我一句都听不懂!我就蒙了,我考过了托福,也听过一些英语磁带,跟西方学者也有一定的面对面的交流,到这里我怎么什么都听不懂了,差距这么大!当时对我的打击非常大。到亚利桑那大学后,虽然我的身份是访问学者,但我把自己当作留学生一样去学习,认真地听课、做作业。当时我感觉特别吃力,因为课堂上讲的很多东西根本搞不懂,课外的大量阅读对我来说非常困难,在这之前没有真正读完几本英文原版的著作,到了那边突然有了海量的信息,要去听、去读,要说、要写,感觉压力极大。后来就在专门给外国人培训英语的中心去缴费学习,利用晚上时间恶补英语。当然在那种环境下进步就会非常快,第二年我就申请成功并被接纳为亚利桑那大学人类学系的一个研究生了。

美国的大学和我们的大学非常不一样。美国的教育体制有它明显的优点,当然也有一些问题。我儿子当时在那里上幼儿园和小学,他很愿意去学校,很多时间都是老师带着做游戏。他们没有固定教材和教学大纲,年级之间区别不大,经常是混年级上课。但是到了大学尤其是研究生期间,他们的教育是非常系统的,学生的学习压力是非常大的。还有,作为一个学生,你是完全独立自主地学习,那里的老师不会像中国的老师一样去管你,给你布置作业或任务,给你很多的提示和帮助。你有问题可以去找老师,你没问题老师也不理你,如果你总没有问题,不跟老师互动,老师就会忽略你,懒得理你。这就需要你自己在学习中发现问题并去找老师帮助解答,只有通过这样的互动,老师才知道你在想问题,可以向某些方面发展,他才会将更多的精力投放给你。在美国获取学位要难得多,我有时对学生讲,你们在国内拿学位太容易了。那边首先对课时要求非常高,学分比我们要难拿。我们的一些学分是在糊弄人,有时我问学生为什么要选这门课,他们告诉我为了拿学分,没什么好选的。在美国,学生需要围绕学业和毕业论文去选课,有核心必修课,还有一些相关的选修课。这些学分都是要付出缴费代价的,所以没有人会糊弄自己。当时我的主科(Major)是考古,选定的副科(Minor)是文化人类学,这些课的阅读量都很大,一节课给你的阅读是一本书或几篇文章,经常下课后就马上去图书馆找书查文献。这些阅读不是让你虚晃一枪,要做笔记,要消化,下次上课的时候要报告、讨论。另外有大量的写作,每门课都要写几篇文章,最后一个学期下来可能会达到一本书的量。对我来说一方面压力非常大,另一方面也是很好的锻炼,只有在这种环境下,你才会去大量阅读、写作,进行构思。尤其对我们英语非第一语言的人来说,这个锤炼的过程是非常必要的。后来我做博士论文,这种锻炼起了很大作用,一个是语言的锻炼,一个是搜集材料、发现学术问题、解决科学问题的方法与思维锻炼。

我很幸运能有机会在亚利桑那大学留学。这所学校在美国人类学和考古学领域是很优秀的,排名一直领先,在行为考古学、民族考古学、实验考古学和垃圾考古学多个领域多有创新,处于引领的位置。我的导师 John W. Olsen 和 Steven Kuhn 的知名度很高,学术上颇有建树,对我的帮助和影响很大。

涂栋栋: 您的博士论文是关于周口店第 15 地点的石制品研究的,依此发表的几篇文章现在已经成为石制品研究的经典了,能谈谈您博士论文的写作过程吗?

高　星: 博士论文是我在亚利桑那大学留学的一个"产品"。当时选择周口店第 15 地点是从学术问题出发。周口店在世界上很有名,很早就被发现,发表了很多材料,但是在很多方面的研究还很薄弱。比如 15 地点,当时发掘完成后只有裴文中老先生做过简报,没有后期的研究,出土的标本非常多,在周口店地区的人类演化序列里是非常重要的一环。我就选 15 地点出土的石制品作为我的博士论文素材。跟我的导师 Olsen 先生商量,他也很高兴,说周口店很重要,如果能有这样一批材料加以研究,你的研究就会站在一个很高的起点上。材料重要,问题重要,就看你能不能把文章写好。我跟国内的导师邱中郎老师和张森水老师联系,提出想法的时候,先生们非常支持,说有你们来研究,我们就不做了,相信你们可以研究得更好。这批材料就这样提供给了我,对我来说是件非常幸运的事情。对考古人来说,一批好的材料非常重要,有人将材料视作命根子,把这样一批材料让给一个年轻人,确实是对年轻人的极大信任和支持。1997 年我就回到国内,用大半年的时间来观测标本,用我在国外学到的方法和视角,用西方学术研究的框架来整理分析这批材料,就有了一些新的收获,发表了几篇文章,有国内同行将我在《人类学学报》

上刊发的三篇有关周口店 15 地点的文章称为"新三篇"（笑）。之所以能够引起国内学术界的好评和关注，是因为把西方比较前沿的一些理念和方法用过来，对这批材料有了一些新的发现和有深度的认识，在这方面它有成功的地方，当然现在看来在某些方面它又落伍了。当时研究了几千件标本，做了一本论文，但大量的信息还没有被提取到，现在看来当时的结论和成果已经是比较粗糙了，如果我现在再来研究可能会得到更新更深的认识。

涂栋栋：您取得博士学位之后就回到古脊椎所，很快组织了对水洞沟遗址群的系统发掘与研究，刘东生院士称这项工作为"中国旧石器考古的文艺复兴"，您实施这项课题的初衷是什么？您是如何组织实施这项课题的？取得了哪些令您满意的成果呢？

高　星：我回到古脊椎所也是有一个很好的契机，科学院有"百人计划"的项目来引进海外杰出人才，支持的力度比较大，我有了一个很好的起点。并且这个项目要求入选者带起一个团队，带动一个学科的发展，所以一回来就被赋予了这种使命。其实我回国最开始做的项目是三峡旧石器考古，赶上了三峡轰轰烈烈的文物抢救工作的热潮。当时我带领新组成的以年轻人为主的团队在三峡做了几年，取得了一批成果，完成任务后很快就转到水洞沟遗址了。水洞沟遗址非常重要，1923 年就被发现，和周口店遗址在西方学术界具有相同的知名度。我之所以选择水洞沟遗址有几方面的考虑。首先是遗址的重要性，在这里发现了中国本土很少见但在西方常见的石器技术与组合，学术界一直在争论这些材料是本土起源还是西方来的，如果是西方来的，到底是哪里来的。当时现代人起源的争论刚开始热起来，如果这个地方的材料是外来的，那么是不是走出非洲的人就是这批人，取代了我们这一地区的本土人类？但是这个遗址又很不

2003 年在水洞沟遗址发掘现场

清楚,因为以前的发掘没有进行很好的分层断代,导致年代不清楚,石制品的组合也不清楚。又因为没有很好地进行分层研究,产生了一个混乱的局面,从不同视角看就得出不同的认识。所以我想既然这么重要,有一些基础问题没有解决,我就要带领团队去解决问题,包括精细的发掘,把不同层位、不同年代的信息提取出来,看看到底有什么样的组合和发展变化,其文化的主人到底是什么属性。

第二,就是当时刚回来,有很多的想法,急于把西方学到的东西应用起来,希望经过自己的努力,通过带动一个团队来提高我们国家旧石器考古的田野技术和研究水平。水洞沟是一个很理想的遗址,地层清楚,文化遗存丰富,堆积物是比较松散的粉细砂,这样你就可以把最精细的田野方法运用到这个地方,假如是周口店这样的地方,经常会遇到大的石头或胶结的钙板,发掘不可能非常精细,很多信息不能很好地提取。水洞沟完全可以作为现代化高精尖技术运用的一块试验田。

第三,就是培训人才。我一直把水洞沟的工作作为一个田野学校来对待,我现在所有的学生都是从水洞沟起步的,国内其他单位的一些旧石器考古的骨干也参加过水洞沟培训。培训首先从野外工作做起,学习精细的发掘、记录、观测、样品处理的方法与流程,发掘期间给学生做专题授课,当时我还请了很多学术界的大腕儿来水洞沟讲课,包括夏正楷、袁宝印、尤玉柱、韩康信、周力平、刘武、英国学者Robin Dennell 等,从史前考古学、体质人类学、环境学、年代学、地质学等方面加以系统培训。另外就是整理标本,通过现代的科技手段进行信息提取、统计分析和建数据库,并建立及时整理、观测和建立数据库的高效工作流程。

经过多年的努力,我们取得了系列发现和研究成果,已经在国内外核心期刊上发表了近 40 篇研究论文,诞生了近 10 部学位论文。2013 年我们发表了《水洞沟——2003~2007 年度考古发掘与研究报告》。这本报告有别于一般的考古报告,不是简单对田野过程和材料加以描述。里面有很多研究专题,运用现代科技手段从不同的角度进行研究,微痕分析、热处理分析、残留物分析都取得了很好的进展。概括起来,水洞沟遗址研究取得的收获有几个方面。首先,建立了精细的文化序列,以前所有的发掘都是在第 1 地点,这次我们对第 1 地点进行局部清理和采样分析,主要的工作是在其他几个地点,包括第 2、3、4、5、7、8、9、12 地点,通过这些地点的发掘与第 1 地点进行对照,我们建立了从距今 4 万年开始到距今 1 万年分为 6 个时段的文化序列,每个时段都有很好的测年数据,将文化序列建立起来后我们能够清楚地看到每个时代有不同的特点。距今 4 万年左右开始出现石叶技术,到距今 3 万年左右消失;从距今 3 万年开始出现了几个时段的文化遗存,属于本土传统的小石片石器,但是跟传统的又不一样,加工非常精致,表现出本土文化的进步,同时还出现了崭新的因素如装饰品。其次,我们还对石制品进行了热处理分析、微痕分析、残留物分析等,得到了当时人类制作和使用工具的大量信息,包括目前国内最早的对石器原料做热处理、用石器加工植物食材的证据。另外,我们在第 12 地点发现了距今 1.1 万年左右的细石器,还有少量的磨制石器和骨器,增加了水洞沟文化序列的一个新的环节,还发现了一些石块属于"石煮法"的遗存,这在中国也是首次发现。

涂栋栋: 您曾经提出过一个很重要的论断,就是中国旧石器时代的"两分法",能谈谈您得出这个论断的经过吗?

高 星: 现在这个议题还是比较有争议的,也存在很多误解。这个问题也不是我独立提出来的,邱中郎老师、张森水老师等很多人

2005 年在巴黎

都提出过中国的旧石器时代文化发展与西方不太一样,这里的旧石器时代中期文化缺乏西方那样的典型特征,与早期无法合理地区隔,但没有人明确提出把中期取消了。我们的三分法是裴老从欧洲移植过来的,西欧有旧石器时代早、中、晚期,我们也开始在考古遗址里找(各期的)代表。欧洲是以文化变化来划分的,早期是阿舍利文化,中期是莫斯特文化,晚期出现了石叶、细石叶,三期的石器技术、组合是非常不同的。既然三分法是从欧洲移植过来的,那我们的划分也应该按照这样的标准。但我发现我们的三期与西方的三期不是一回事,我们没有莫斯特这个时段,我们一直被所谓的第一模式主导,直到距今三四万年左右水洞沟遗址才出现晚期的因素,中期文化其实一直没有发展起来。水洞沟遗址有一些中期的遗存,但以晚期为主。从这个角度我就提出既然这里没有中期的技术和组合,那就应该取消旧石器时代中期,变为早、晚两期。这样我们与西方就在用共同的标准来划分文化发展阶段。如果我们讲旧石器时代中期,是指从距今 20 万年到距今三四万年这样一个时段,约定俗成,表述方便,我觉得也可以。但是如果要讲文化的特点,说旧石器时代中期文化,这是不对的,中国没有这个文化。我觉得其意义在于剥掉一个虚伪的假象,实际上东方与西方的旧石器时代文化不是同步发展的。这就凸显了我们这个地方的独特性,我们就要更多考虑为什么和西方不一样,是石料的原因、人群的原因还是环境的原因?这样可以把研究做深、做透。但有人认为我是在否认旧石器时代中期中国存在考古学文化,这就是误解和曲解。

涂栋栋:您最近在《人类学学报》发表的文章《更新世东亚人群连续演化的考古学证据及相关问题论述》引起了很大的反响,包括光明网在内的很多媒体都有转载,对于现代人起源的问题您是如何认

2006 年在富源大河遗址发掘

识的？您觉得考古学在人类起源的研究上能起到什么作用？

高　星：这篇文章写出来后引起一些反响，我觉得可能不是我的文章写得多么精彩，而是学术问题重要。现代人起源，尤其是中国地区，我们直接祖先的来源是学术界、媒体、大众非常关心的一个话题。1987 年西方学者提出了现代人起源的一个重要的、流行的观点——"出自非洲说"，认为所有现代人类的直接祖先都可以追溯到 20 万年前非洲的一位女性。这种观点认为走出非洲的这些"早期现代人"的扩张过程是一个完全替代的过程，只有非洲的人群演化是连续的，欧洲和亚洲的人群演化都中断过。以中国为例，本土的古老型人类包括北京猿人、大荔人、金牛山人等都灭绝了，距今 6 万年左右走出非洲的"早期现代人"到达这里成了我们现代人类的祖先。这种观点是从分子生物学的角度提出的，是从现代人的遗传变异逆推的，这是一个假说，并没有很多科学的证据。后来西方许多的人类学家和考古学家用人类学和考古学的证据支持了这个观点。

中国也有一些学者支持这样的观点，但更多的考古学家、体质人类学家根据本土的材料对这样的观点有所质疑。20 世纪 40 年代魏敦瑞先生就提出"多地区进化"的假说，认为世界各地的古老型人类平行发展演化成现在的人类。吴新智院士根据东亚的材料提出"连续进化附带杂交"的理论，认为我们本土人群的连续演化是主流，但也有外来人群带来一些基因交流。

这些观点的碰撞主要参与者是分子生物学家和体质人类学家，考古学家很少参与其中。大概十年前我开始关注这个问题，我觉得旧石器时代考古在这个问题上是大有可为的。以分子生物学的研究角度来看，从现代人类的遗传变异逆推，有很多是推不回去的，在人类演化过程中有些支系、基因很可能消失了。从体质人类学的角度来看,古人类化石的材料凤毛麟角、支离破碎,证据链不完整。以蓝田人为例,距今 120 万年左右就这么一个化石,能代表一个人群吗?个体的差异肯定要考虑。旧石器考古学恰恰可以弥补很多缺陷,它的材料丰富,不同时段和地域都有发现,起码可以解决某区域人类演化是不是连续的问题,只要有人存在就会留下文化遗存,我们可能不知道某些文化遗存属于哪些具体的人,但可以证明这个地区这个时段是有人的。假如我们从考古学的角度建立起从距今百万年到距今数千年的文化序列,那么本土人群连续演化的证据就可以建立起来。对中国地区来讲,"出自非洲说"提出了一个假说,距今 5~10 万年间,没有人生存在这个地区,因为末次冰期,天寒地冻,本土人群都灭绝了,走出非洲的人到达之后进入了一个无人之境。但是从旧石器考古学的角度来看,我们不存在距今 5~10 万年的缺环,很多材料证明这个时期有人类在这里生存。末次冰期是距今 7 万年开始到距今1.8 万年达到一个高峰,末次冰期里有一些间冰期,气候是温暖湿润的。即使在末次冰期的最高峰,最寒冷的时候,环境也没有我们想象的那么恶劣,黄土高原的南部依然有古土壤存在,北方还有一些动物度过了末次盛冰期,人类有更多的能动性,会用火、穿衣、使用洞穴,怎么可能就灭绝了?本土的人群因寒冷灭绝了,从非洲来的人反而能够存活,于逻辑上不符。我的那篇文章从本土文化连续演化的证据,包括技术、组合、遗址点的分布,关键时间点距今 5~10 万年人类存在的证据,古环境的分析,从考古的角度找到了本土人类连续演化的证据,并从逻辑上强化了对东亚地区人类"连续演化附带杂交"的论述。当然,这样的论述还很肤浅,还有很多信息等待发掘和运用到理论阐释上。

涂栋栋: 您觉得中国旧石器时代考古的研究应该在哪些方面着

2007 年在印尼爪哇人遗址考察

力呢？与国外的旧石器时代考古研究相比，我们的研究有哪些差距呢？

高　星： 我觉得有两个方面，一是在方法上，虽然最近十几年来我们致力于发展一些分支领域，尽量用一些实证的手段来提取部分信息和证据，包括微痕分析、实验考古学、残留物分析等，来取代以前以肉眼观察、定性为主的研究方式，但是与西方相比还存在着差距，因为我们是跟别人学，当我们学到别人的一鳞半爪的时候，别人也在发展，我们需要非常累地去跟踪学习。我们现在还没有能力去创新和引领，说我们的方法是世界领先的，现在还很难做到。野外工作也是这样，在全国层面来看，只有少数遗址的发掘能达到世界先进水平，许多都还达不到这一水平，许多信息还是提取的太粗、太少，得出的结论有很多模糊的、值得质疑的空间。所以第一个环节，我们要把野外工作做好，精细地提取一些能够展示人类生存行为的信息。

第二我觉得在理论方面特别需要加强。我们的研究在很大程度上还属于就事论事，我们大部分的考古报告还是材料的描述，没有阐释，严重浪费了资源。我们经常将考古报告、简报与研究论文当成两回事，脱节了，这是不对的。西方的一些报告带有强烈的研究意识。获取材料固然重要，但更重要的是在材料上提取一些信息来阐释人类的行为、生存方式、人类对环境的适应、族群间的异同等。只是罗列材料的话，意义并不大，层面也太浅。我们经常说我提供了材料，别人可以研究，这有点儿自我安慰，不要满足于做一个考古匠。一个遗址的发掘者最有资格、有条件做研究，最好是一个人或一个团队，既能把一批材料精准地发掘、描述出来又能做深入的分析和理论的阐释。

2009 年主持纪念北京猿人发现 80 周年学术大会

涂栋栋：您曾被评为中国科学院研究生院的优秀教师，能谈谈您在培养学生方面的心得吗？

高　星：我对学生在不同阶段有不同的要求。在硕士期间，我要求抓遗址、抓材料，从基本的发掘、整理材料做起，直到写出报告、形成自己一定的认识。这是基本功的培育。在博士期间，我要求做专题，要做新、做深入、做前沿、做有理论含量的研究。我会帮助他们找到自己的方向，这个方向要他们自己喜欢，又有发展前景，又很少有人去做。我觉得现在每个人的精力都是有限的，我们要当专家，在一个领域做深、做透，在这个领域你就最有发言权了。每个人都在自己的领域拓展的话，学科才能发展下去。我能得出这样的认识，是吸取了过去的教训。过去很多的研究都是千篇一律，大多数都是对一个遗址的材料定定名、分分类，描述一番，最后和其他遗址比较一下。这样会导致一种恶性竞争，对材料的竞争与控制很激烈。我现在要求我的学生要在自己的研究领域内深入拓展，成为某方面的专家，各有所长，这样的话，简单占有材料就不能成为优势了，合作反而成为了一种需求。我有一批材料，我从这个角度做，我还得请别人从别的角度来做，这样就形成了互补互助的关系，研究可以深化，团队也容易形成。

涂栋栋：去年年底在河北石家庄成立了中国考古学会旧石器专业委员会，您能谈谈这个委员会将来开展工作的一些设想吗？

高　星：我们在学术研究和交流中感觉到成立一个行业组织是非常重要的。这个委员会成立后我们想做这样几件事情：首先是学术交流。中国旧石器考古的队伍不大但是很分散，学术交流的气氛还不浓，我们希望定期举行一些学术专题研讨会来交流一些新的发

2012 年在美国亚利桑那大学做学术演讲

现和新的研究方法,大家可以研讨、批评、建议,从而共同推动学科的发展与研究的深入。我们也希望通过这样的交流来解决一些亟待解决的问题,如学术语言的规范化、行业标准的建立等。我们的学术交流不仅限于国内,我们还希望与国外交流,让国外同行知道我们研究的进展,同时我们也要吸取他们的经验和教训。

另外就是人才的培养。成立这个专业委员会,我的想法是尽可能把行业内的新生力量都囊括进来。专委会有近 60 名委员,都是中国旧石器考古研究的中青年骨干。我们计划进行一些培训,对有志于旧石器考古研究的人员进行包括发掘、材料整理、撰写报告与论文方面的培训,使我们的队伍不断强化。我们也设想通过委员会设立一些奖项来加速年轻人的成长,吸引更多的有志青年加入我们的队伍,这样我们这个学科才能后继有人,才能进一步发展壮大。

涂栋栋: 再次感谢高老师接受中国考古网的采访!

(原文于 2015 年 4 月 15 日发表于中国考古网,经作者修订。)

李伯谦

李伯谦先生近照

简 介

　　李伯谦，男，河南郑州荥阳人。北京大学考古文博学院教授、博士生导师。1956年进入北京大学历史系考古专业学习，1961年毕业后留校任教。1992年至2000年任北京大学考古学系主任兼北京大学赛克勒考古与艺术博物馆馆长。1996年出任"九五"国家科技攻关重大项目"夏商周断代工程"首席科学家、专家组副组长，2000年至2003年任"十五"国家科技攻关重大项目"中华文明探源工程预研究"主持人之一。现任北京大学震旦古代文明研究中心主任。

　　学术专长：主要研究领域为夏商周考古、文明起源、考古学理论与方法。

　　先后参加和主持过河南偃师二里头、安阳殷墟、北京房山琉璃河、江西清江吴城、湖北黄陂盘龙城、山西曲沃晋侯墓地等多处遗址的考古发掘工作。

　　至今已发表各类学术论文60余篇，出版多部专著。主要代表性著作有《中国青铜文化结构体系研究》、《文明探源与三代考古论集》、《感悟考古》等。领衔主编有《揭阳考古》、《新密新砦——1999~2000年田野考古发掘报告》等考古报告及《古代文明》期刊。

探源尧舜禹，断代夏商周

——李伯谦先生访谈录

采访者：李新伟

李新伟：李先生您好！感谢您接受中国考古网的采访，首先请您谈谈您是如何走上考古之路的。

李伯谦：我学考古是阴差阳错。我祖父不识字，父亲也只上过几年私塾，我身为李家的"长子长孙"，从小就被寄予厚望。家人曾希望我能学医，但我还是义无反顾地喜欢上了历史、地理、语文等方面的文科知识，16岁时我以优异的成绩进入荥阳高中。当时荥阳是开封行署所在地，荥阳高中师资力量雄厚，是河南省有名的高中。那时我的家庭成分不算好，差一点就不能上大学。能进入北大，我还是很幸运的。本来是怀揣着对鲁迅、郭沫若和茅盾等作家的无限崇拜报考了北大中文系，梦想着将来也能当一名作家，但由于当时我的历史成绩突出而阴差阳错被分进了历史系。误打误撞选择了考古专业之后，我就开始思考"考古"是什么、究竟有什么用。每个国家、每个民族都有自己的历史，无非是长短、曲折与否的区别。要想更好地建设今天乃至明天，必须考虑到吸取历史经验教训。在北大学习和实践的过程中，我认识到学习和了解历史绝不是"发思古之幽情"，而是为了国家更好的发展。如果不抓精神建设，观念变了，经济再强大国家也会变色,所以总结历史经验教训对于我们怎样建设未来国家是非常重要的。我们要治理好国家,单纯搞科技,追求西方那一套是不行的。要通过考古复原历史,激励现代人的创造精神和爱国情怀。只有了解过去,才能建设更好的未来。如果当时真的在文学系,我有可能走上文学创作的道路,不过没有创作天分还是不行——考古不需要太聪明,只要踏实肯干、喜欢动手动脑子就行,进入考古行业,我还是进对了!

李新伟: 退休后,您还是闲不下来,最近都忙些什么呢?

李伯谦: 工作还有很多。首先是整理天马—曲村遗址的发掘报告。应该说,心里还是有压力的。原来我想可能比较容易,两三年就应该整理出来了。实际上,因为涉及的人比较多,比预想的要困难,争取尽快完成吧。其次就是我原来参与的"夏商周断代工程",还有一些工作要做。最后,就是参加各种各样的会议多一些。退休之后,自己考虑问题、研究问题的时间还是稍微多了一点,比较起来,我退休以后写的东西还是比较多的。

李新伟: 您对中华文明探源的一些研究大家都挺关注的,您能简单给我们介绍一下吗?

李伯谦: 中华文明以历史悠久、光辉灿烂著称于世界,但中外学者公认的历史年代只能上推到西周晚期的共和元年,也就是公元前841年,这与中华文明悠久的历史很不般配。这是启动"夏商周断代工程"(注:以下均简称"断代工程")最初的想法。断代工程结束之后,我们就开始筹备"中华文明探源工程"(注:以下均简称"探源工程")。我主持起草了《关于中国古代文明研究的几点设想》送呈国家领导人,建议国家在"夏商周断代工程"的基础上进一步深入开展

在 2013 年度"全国十大考古新发现"新闻发布会上

中国古代文明的研究，随后"中华文明探源工程预研究"获批为国家"十五"科技攻关项目，我是主持人之一。其实当时大力支持开展断代工程的宋健本来是想从新石器时代的考古资料入手，探索中华文明起源的。他很关注文献中关于黄帝的记载，找了一些学者梳理研究，希望能找到考古证据，但发现难度比较大。后来才决定先开展"夏商周断代工程"，确定一些关键年代，这个可能容易一点。当时邓楠是领导小组组长，做了三年研究以后，也考虑继续上溯，开展文明探源。因此，从断代工程开始，我就开始关注新石器时代考古当中的一些问题，也写了几篇文章。

我们都讲中国五千年文明没有中断过，这没问题，但是具体去想，中国这么大，好多文化谱系也不一样，是不是走的路都一样？是不是都是一个模式？我想这个可不一定。良渚文化跟红山文化就不太一样，跟仰韶文化也不太一样，所以就提出了社会演变的两个模式，不管对还是不对，这是我的一种看法。很高兴能引起大家的关注。

我后来又思考，为什么会有不同的模式呢？我把崧泽文化到良渚文化的演变梳理了一下。崧泽文化出现社会分层是比较早的。如东山村墓地，它的年代最早是距今 5 800 年左右，东边是一般的墓葬区，西边是大墓区，有五个大墓，都随葬石钺，有的有四五个之多。这说明那个时候它就有一些分化和社会分层了。钺在随葬品中很重要，说明当时的社会上层走的是军权、王权这个路。凌家滩文化跟崧泽文化时代差不多，宗教气息就比较浓。红山文化和凌家滩文化有密切交流，宗教气息也很浓。崧泽文化的后续者良渚文化就发生了改变。良渚墓葬里钺很多，但与神权相关的东西也特别多。我觉得良渚社会中神权可能具有支配地位。反山墓地出土的那件"钺王"，上面刻着神鸟,还有一个神徽,如果是一般的兵器,不太可能有这些图像。所以良渚社会里,军权与王权很重要,但还是以神权为主导地位的。仰韶社会就比较单纯,墓葬中兵器很少,玉器也不多。

但是红山文化以后的小河沿文化,慢慢就衰落了,良渚文化渐渐也衰落了。衰落原因很多,有环境变化、气候变化等外因,但有一个重要的内因,就是将社会财富大量地浪费于宗教事务,最后失控了。仰韶社会本来不是很先进,看似比较落后,但是一直走从军权到王权的路,其中一个原因就是这个地区注重祖先崇拜,注重宗族的团结,社会才不会失控。我的文章大体是按照这个思路写的。

李新伟:很多学者提出中华文明最主要的特征之一是其持续性。您怎么看这个问题呢?

李伯谦:中华文明的持续性,最重要的就是文化没有断。从王朝来讲,尽管很多少数民族入主中原以后,取代了汉民族的统治,但他们也自认为是华夏民族的一支。不管谁掌握了政权,都自命为中华文化的正统,实行中华制度。

李新伟:您是如何认识最初的"中国"这个概念的?

李伯谦:"中国"的概念是发展的,"中国"这个词最早见于西周成王时期的何尊,当时这个词的含义似乎还不是后来理解的国家,而主要是指从地域出发考虑的"天下之中"的意思。周人的老家在陕西关中一带的周原,文王时为了东向灭商把政治中心迁到了丰,武王时又迁到镐,灭商以后,又想把都城建在洛阳。为什么周人要把洛阳作为都城呢?周人可能觉得周原的岐和丰镐太靠西了,殷墟又太偏东、偏北,而洛阳恰在至少从夏代就形成的"天下之中",掌握了这一中心,才能够掌握全国。文献上讲"周人尊夏",在他们的观念中认为夏

2015 年在陶寺遗址发掘成果新闻发布会上

的都城所在地才是真正的"天下之中"。

　　这种以中原为天下之中的观念可以追溯到龙山阶段,甚至还可能再往上追溯到仰韶时代晚期。我觉得这个地区的发展是中国发展道路的核心,有仰韶文化、陶寺文化、王城岗文化、二里头文化这个发展主线。周围的文化区是在不同的时间,以不同的方式逐步加入到这个洪流和发展主线当中来的。这是一个逐步扩大的过程,以至包括新疆和西藏等,都是逐步进来的,不是说一开始就这样。我觉得目前开展的探源工程应该描述这一过程,勾画出中华文明发展的主干和支脉,勾勒出她是如何发展成参天大树的。

　　李新伟: 您认为九州的观念又是什么时候形成的呢?

　　李伯谦: 距今5 500年或5 300年到距今4 500年或4 300年之间的1 000年是重大转型时期。这一阶段跟以前不同,这一点有很多考古资料可以证明。此后的龙山时期,很多地方出现以军事为支撑的政治中心。它们之间要整合,就会发生战争。这时的战争可能跟以前不一样,以前可能就是抢东西、抢财富,这时候可能还要抢土地、抢人口,人口是创造财富的劳动力,土地也是重要的资源。这时,领土、疆域的概念可能已经出现了。文献中讲"禹划九州",不是空穴来风,应是这一观念产生的大的社会背景和社会基础。因此可以说这个时期九州的观念已经开始出现并逐步形成了。

　　同时,王权也开始形成了。这时已经出现了最高统治者。最初可能控制范围比较小,渐渐扩大,王的权力越来越大,领土也越来越广,慢慢就有了九州的观念。"九"是多的意思,最初可能不是九个州,最初就几个,慢慢扩大。商代的地理观念中,王畿所在地是核心区,周围是东土、西土、南土和北土,不叫州,都是受到商王朝控制的;在它之外,那才是敌对的各"方",比如鬼方、人方等各方。商的地理观念是继承夏的，而不是突然出现的。地域分区，或者说最初的九州观念在夏代可能已经形成了。

李新伟：您是如何看待古史记载的真实性的？

李伯谦：我把对古代历史的记述分为三个系统：第一个是从口耳相传的传说史学到文字使用以后的文献记载，这是一个认知表述系统；第二个是考古学的认知表述系统，比如旧石器时代、新石器时代、青铜时代、早期铁器时代等；第三个系统就是人类学系统，比如摩尔根提出的蒙昧时代、野蛮时代和文明时代，以及马克思主义中的原始社会、奴隶社会、封建社会……这一社会发展框架。我认为这三个系统是在不同时间、从不同角度提出的，都有合理之处，但也各有侧重和不足，三者不能互相否定、互相排斥，应该互相结合。对于传说史学，因出现较早，含有较多神话色彩和一些荒诞不经的成分，但也有一定的合理内核，我们应该用科学的态度对待，并运用科学的方法加以分析和研究，考虑是不是有可信的成分，择优择信采用，一概排斥怀疑的做法是不可取的。

李新伟：安徽蚌埠禹会村遗址发掘颇为引人注目，激发了大家对古史记载与考古资料结合的新思考。您对禹会村遗址的资料和"禹会诸侯"的记载有什么看法？

李伯谦：看了这个遗址我感触很深。第一点，就是淮河流域考古学的重要性应该引起足够的重视。古代文献讲，江、淮、河、汉谓之"四渎"。这四条水都很重要，中华文明的起源、形成和发展，与这四条水有密切关系。黄河流域的考古工作开展得比较早；长江流域晚一点，后来紧紧跟上了，可能还要超越；汉水流域也做了不少工作。而淮河流域的考古工作起步最晚。1982 年我曾经带过一些毕业班学生到安徽实习,着眼点就是淮河流域,特别是江淮之间,当时在霍丘扁担岗、寿县斗鸡台、青莲寺,六安众德寺、西新城等地点做了一些工作。后来中国社会科学院考古研究所发掘了禹会遗址,安徽省考古所和蚌埠市博物馆发掘了双墩遗址,还有安徽省考古所发掘了侯家寨遗址,这些年,淮河流域的考古终于出了一些成果,这是非常可喜的事情。

第二点,禹会遗址和文献记载能不能加以对应。这首先是怎么看待文献记载的问题。《左传》上讲,"禹会诸侯于涂山,执玉帛者万国"。《尚书》《诗经》也有关于禹的记载。而且我还注意到,武王灭商以后,急急忙忙分封了很多国家,其中特别追思先圣王,如《史记·周本纪》所言,把他们的后代加以分封,神农之后封于焦,黄帝之后封于祝,尧之后封于蓟,还有舜之后封于陈,禹之后封于杞。从这个史料上来看,至少商代晚期和西周是相信禹的存在的。还应提到的是西周中晚期的遂公盨,明确记载了禹平水土的事迹。过去,因为顾颉刚先生的疑古思潮,把许多古代文献否定了,使得我们变得非常谨慎,对古代文献总感觉不太敢用。正如我前面所说,对于文献应该以科学的方法加以分析、研究,合理利用,一概排斥怀疑不可取。那么从这个角度来看,"禹会诸侯于涂山,执玉帛者万国"这个记载就应是可信的。

禹会村遗址既然叫禹会,是不是文献记载中"禹会诸侯"的地方呢? 这要看考古发现和文献记载有没有契合之处。先看文献中的大禹时代,那是尧、舜、禹禅让的时代,也是邦国联盟的时代。尧的背景是陶寺文化。舜的背景,我的看法就是豫东造律台类型(有学者叫王油坊类型)。禹的背景就是王湾三期文化。从仰韶文化晚期以来,社会发生重大转型,此时这些地区已经迈入了早期文明的门槛。禹当

2013 年考察禹会村遗址

政的时候,治理淮河,在涂山召开了一个各路诸侯都参加的盟会,没什么不可思议的地方,这是顺理成章、极有可能的。

有了这种可能性,让我们再看看禹会遗址出土的考古资料。禹会发现有祭祀台遗迹,是以白色的土堆起来的一个长台子,上面有三十五个成排分布的柱坑,北面还有一个烧沟,再往北还有一个小的方形土台子和一个大坑。这些遗迹在其他地方很少见,年代可以定在距今 4 300 年到 4 100 年这一段,我认为相当于造律台类型的早中期。根据文献记载,"禹都阳城",围绕着夏代的历史、夏文化,从"夏商周断代工程"开始,我们就在可能与阳城有关的王城岗遗址开展工作,后来发现了晚于小城的王城岗大城,它的年代测定落在了距今 4 100 年这个范围之内。不少学者,包括我自己在内,都认为这就是禹都的阳城。这就牵扯到王城岗和禹会的关系问题,有学者可能会认为禹是先定都阳城、建立夏王朝后才大会诸侯的,王城岗比禹会略晚,与记载矛盾。但其实大禹治水的时候只是舜下面的司空,管治水,那时他还不可能有都城。正是因为他治水有功,威望越来越高,舜才会把王位传给他,所以我认为禹会村早于王城岗是合理的。把禹会村看成是大禹领导治理淮河的过程中举行盟会的地点,我觉得是有一定说服力的。

第三点,我觉得禹会村这个遗址工作还得继续做,因为 50 万平方米的遗址,不会是为大会诸侯这一次活动而准备的。再就是保护问题,要组织人做一个遗址的保护规划,在这个基础之上,可以考虑建立一个考古遗址公园。

李新伟: 您认为"禹会诸侯"有什么重要意义呢?·

李伯谦: "禹会诸侯于涂山,执玉帛者万国"是非常有意义的事件,过去只见于文献记载,现在通过考古发现和发掘知道此事件应该

2013 年观摩禹会村遗址出土器物

有真实的背景,禹会村遗址可能与此有密切的关系。

"禹会诸侯"是在什么情况之下发生的?有什么意义?这得从大禹说起。按文献记载,大禹治水的时候是舜帝下面管理工程的负责人,说水利部长也行,工程部长也行。禹会的发现说明,大禹在治理淮河的过程当中,很可能召集了周围部落的首长到这儿来聚会,也许为分配任务,也许为庆祝胜利,也许会订立盟约。看看中华文明的形成过程,我们就会清楚这个事件的意义。大家都知道,夏王朝建立后,形成了一个包括原来尧、舜、禹三个部落地盘的一个广域国家,不像以前的小邦国,只有一块儿小地方。这么一个诸侯的盟会对于广域国家的形成是很重要的。盟会加强了部落之间密切的联合、文化的融合、感情的加深,为夏王朝广域国家的形成奠定了基础,在中华文明的演进过程当中发挥了非常重要的作用。

李新伟: 神木石峁的发现非常引人注目,您一直关注周边地区的文化发展,对这个发现有什么想法?

李伯谦: 这个我一直在考虑。以前我有个观点,认为陶寺文化有很多北方的因素。它和北方是不是一个系统的?如果是一个系统的话,谁早谁晚,怎么回事?现在这个问题还没有解决。从陶寺遗址本身材料看,它与庙底沟二期文化有传承关系,从这个角度来看,它还是属于中原系统的,但确实受了北方的影响。北方当然有自己的一套文化系统,但很早就接触了很多中原的东西。庙底沟文化就已经发展到内蒙古了。后冈系统也影响到了北方地区。北方地区,包括石峁遗址和陶寺文化的关系,还需要更多的工作、更多的资料才能解决。人骨研究可能是个突破点。陶寺遗址和石峁遗址都发现了人骨,可以进行比较研究。

李新伟: 在偃师召开的纪念偃师商城遗址发现 30 周年学术讨

2013 年为禹会村遗址题词

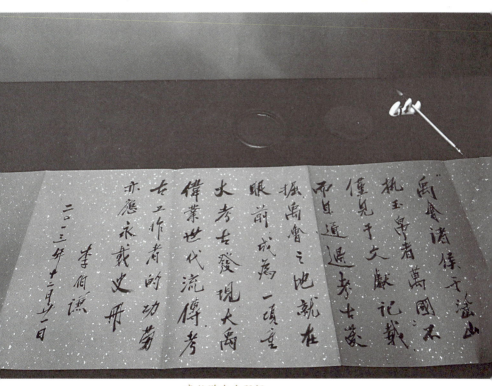

禹會諸侯于涂山，執玉帛者萬國，不僅見于文獻記載，不但通過考古發掘禹會之地就在眼前成為一項重大考古發現，大禹偉業世代流傳，考古工作者的功勞亦應永載史冊。

二○一三年十二月廿二日　李伯謙

李伯谦先生题词

论会,您参加了吧？偃师商城报告也已经出版了,您觉得夏商分界问题是否已经有了定论呢？

李伯谦：我去参加了。但在会上对夏商分界问题谈得不深入。偃师商城报告出来以后,我看了,一直想写个东西。报告将遗存分了三期七段,第一期是两段,即第一段和第二段;第二期是第三段、第四段和第五段;第三期包括第六段和第七段。后面都没什么问题,关键就是最早的第一段,包括大灰沟(或者说祭祀坑)和T28的第十层、第九层。非常遗憾的是,报告没有发表T28第十层和第九层陶片的统计数据,只是说这些陶片属于两个系统,一是二里头系统,二是先商系统,但两个系统所占比例不明。以前有文章提到是以二里头为主的,商系统的比较少。这第一期跟郑州商城的哪一段相当？以前的说法是与二里岗下层一期相当,可能有点问题。我写过一篇小文章,就是《商王朝考古学编年体系中的两个问题》,谈到了这个问题。我比较同意陈旭和袁广阔他们的意见,即偃师商城第一期第一段相当于郑州商城发现的洛达庙类型的偏晚阶段,那个阶段也是二里头文化的因素占多数,但是也有商系统的东西。宋国定等人认为商系统的东西占10%左右,二里头文化因素的占80%～90%,这个状况跟大灰沟下层非常像。我觉得它们的时代应该差不多,比郑州二里岗H9要早。过去陈旭在写文章的时候把H9和南关外弄成一块了,我觉得不对。把它分开以后,就能解释郑州商城的一些现象。比如过去就发现有宫城,破坏很严重,断代工程进行的时候发掘过一段宫城城墙,认定它是比较早的,相当于二里头的四期,或者略晚一点,商人当时已经过来了。商人是从豫东的鹿台岗过来的,那是很典型的先商文化,它往西到郑州地区就形成了这套东西。为什么到这儿变复杂了？一个原因就是它跟东边的岳石文化有联系,另一个原因是先商系统的辉卫型这套东西也往南进。所以郑州地区既有鹿台岗类型的，也有岳石文化、二里头文化(洛达庙类型)的，还有辉卫型的，就是这么个面貌。这个时期出现了城，而且建有宫殿，过去发现的很多所谓洛达庙时期的宫殿，实际上就是这个时期的。

偃师商城大灰沟的年代跟这个时期应该是相当的。但偃师商城在这个阶段是否已经建造宫殿还是个问题，因为资料太少。我统计了一下，列入这一段的，就是第一期第一段的不到十个单位，还没有发表陶器资料，也没发表宫殿材料。我觉得，偃师商城大灰沟时期如果还没有建宫殿，最多也只能说商人到了这个地方。再从商的进军路线来看，它要先插到二里头文化和岳石文化二者之间，然后才能往西去。为什么在郑州附近发现好几个二里头时期的城，包括大师姑和望京楼？那都是夏人为了阻挡东边来的敌对势力建造的。这些城属于二里头二期偏晚阶段，到四期都没落了，就是因为那时候商人过来了。对于夏商分界，不好说得那么绝对，应该大概在偃师商城 T28 第十层和第九层之间。

另外我注意到，偃师商城小城下边有个小沟，编号 G2。这个沟在城墙内的一段没有被城墙叠压，出土的东西都是小城使用期间废弃的，这可能有点问题。因为按照发表的叠压关系，沟肯定比小城早。解释说这个沟在城刚建好时没有被填，完全是在城使用时期被废弃物填满的，这不可思议，不好理解。如果筑城的时候那儿有个沟，不把它填起来，怎么施工呢？所以，我觉得偃师商城建城的时间相当于 H9，确实比郑州商城慢半拍。至于能不能分出一个期别，那就看以后的工作了，从逻辑上看它应该是这个关系。

李新伟：那您觉得现在有没有一个夏商分界的明确界标呢？

李伯谦：邹衡先生认为郑州商城的建立是界标，偃师商城发现后有学者提出偃师商城的建立是界标,而且是唯一的界标。我是调和论者,主张两者的始建虽略有先后,但都可作为夏商分界的界标。断代工程阶段性工作提出的标志性成果之一,即"确认郑州商城和偃师商城的始建为夏商分界的界标"。现在看郑州商城要早至少半拍。因为商人要把二里头遗址东边的这几个二里头文化时期的城消灭掉,才能继续向西进军。大师姑和望京楼都是在二里头四期的时候衰败的。不管它存在了多少年,反正时间不会太长,商汤在位也总共才十几年。偃师商城肯定是一个标志,但它究竟是什么时候建的,现在还不明确。是否相当于二里岗 H9 时期始建,偃师商城发掘报告里没有写,也没有关于当时宫城始建的资料,其实这些都是很重要的地层关系。将来可能会使用新科技手段来探讨这些问题,但是最基本的地层学和类型学绝对不能丢,一丢就很难准确地把握资料。

郑州商城和偃师商城一样,都是三重城垣,宫城建于灭夏之前,原是商人到郑州之后建立的一个据点,内城才是灭夏"复亳"后所建,内城建成之后,这个据点才成了名副其实的宫城。要说夏商分界,在郑州,就在宫城建成之后、内城建成之前;在偃师,就在其分期的第一期一、二段之间。

李新伟: 最近随州文峰塔东周墓地的发现引起了学术界的关注,您对这一新发现有什么看法?

李伯谦: 随县曾侯乙墓发现以后,曾经在学术界引发了非常热烈的讨论,发表的文章非常多。2011 年,同样是随州,在叶家山遗址发现了西周早期的曾国墓地,又引发一个热潮。曾国一晚一早的发现很热闹,现在又是在随州,发现了文峰塔曾国墓地,其意义非同小可。但我感觉学术界的关注还不太够,当然,这可能与他们发表的材料比较少有关系。这个墓地从春秋中期开始一直延续到汉代,包括

2013 年在"中国考古学论坛"上点评文峰塔墓地

了曾国从春秋中晚期到战国早期的墓葬。它的发现,可以加深我们对曾侯乙墓的认识,同时,对叶家山西周早期曾国墓地的研究也有很多新的启发。

该墓地亚字形墓室的 M18 属于春秋战国之际。大家知道,殷墟王陵区有好多座亚字形大墓,后来在陕西岐山周公庙发现的大墓也有点近似亚字形。M18 有很清楚的亚字形墓室,确实非常重要,而且规模比曾侯乙墓还要大,总面积达 217 平方米。还有一个重要发现,就是发现了曾国的第一座车马坑。

曾侯乙墓发现以后引起热烈讨论的是曾、随关系问题。根据文献记载,汉东分封了许多姬姓诸侯,随国是最大的一个国家。但是长期以来,没有发现随国的青铜器,所以曾侯乙墓发现之后,很多学者都认为,曾就是随。现在文峰塔 21 号墓中发现了"随大司马献有之行戈",使相关讨论又开始热闹起来了,我看到不少讨论文章。最近刚刚入藏湖北省博物馆的一件青铜鼎,有楚国嫁女儿到随国的铭文,同样的鼎我还见过一件。这至少表明,在青铜器铭文当中确实有"随"这个字的出现,就是说,新的证据好像有利于"随是随,曾是曾"这个观点。我觉得这个问题还值得进一步讨论。过去考证曾、随是一回事的学者中,有从文字学角度来讲的。现在看,至少从字体的构型来看,区别太大,要写个"曾"字稍微容易点,要写个"随"字很麻烦,这是我直接的感觉,所以我觉得这个问题有必要进一步讨论。只不过现在随的材料出现得还太少,随葬"随大司马献有之行戈"的 21 号墓是曾国的墓,还不能以此为根据说"曾是曾,随是随",但好像也不好说因它出在曾国墓中就证明随一定就是曾。

另外,墓葬形制提供了很多信息。比如墓葬大部分是东西向的,只有 M18 和 M8 这两个是南北向的。这两个墓是墓地当中最大的,它为什么是南北向？叶家山墓葬是清一色的东西向，叶家山墓葬的姓氏问题还没有彻底解决，还需要继续深入考虑，在甲骨文当中，是有"曾"字的，而且它的方位也是在商朝晚期的南方，属于南国这个区域。西周早期，姬姓已经分封到这里来了，那么商代的那个曾跑哪去了？它跟后边的曾又是一种什么关系？总而言之，我觉得随州墓葬的发现解决了很多问题，但是也提出来很多值得讨论的问题，展开了一个更广阔的讨论空间，一定会在学术界掀起新的研究曾、随关系，以及探讨曾国的前后国族、国姓有没有变化的高潮。

李新伟：谢谢李伯谦先生！

（原文于 2014 年 4 月 18 日发表于中国考古网，经作者修订。）

林沄

2006 年在新疆火焰山

简　介

林沄，1939 年生于上海，祖籍福建闽侯。考古学家、古文字学家和历史学家。吉林大学哲学社会科学资深教授、吉林大学考古学和博物馆学专业创始人之一。1962 年北京大学历史系考古专业本科毕业，1965 年吉林大学历史系甲骨文金文专业研究生毕业，1968 年到辽宁省复县十七中任教，1973 年回吉林大学任教。1989 年起任中国考古学会理事，1992 年起任国家古籍整理规划小组成员，1997～2009 年任国务院学位委员会史学评论组成员，1998～2004 年任中国史学会理事，2000 年起任中国古文字研究会理事（曾任理事长），2004 年起任教育部社会科学委员会委员，2013 年当选中国考古学会名誉理事。

学术专长：古文字学、甲骨断代、商周考古与先秦史、中国东北考古与东北史、中国北方地区和欧亚草原青铜与铁器时代考古等。

提出中国王权起源于军权、中国早期国家由都鄙群构成、商代国家实质是方国军事联盟、中国北方青铜器始于夏代、欧亚草原青铜文化起源上的漩涡理论、戎狄非胡论等创新观点，并重新解释六书中的"转注"。在阐发于省吾"以形为主"的古文字释读主张、研探甲骨字体分类和断代、商代父权家族内部形态、东北系青铜短剑的类型学序列以及东北地区考古学文化的族属方面也多有独到见解。论文和专著被译成英、俄、日、韩等文字，有一定国际影响。

明辨慎思，博学笃志

——林沄先生访谈录

采访者：李轩鹏

李轩鹏：林先生您好，非常感谢您能接受中国考古网的采访！我们知道您从事考古在一定程度上受到了当时社会环境的影响，能谈谈您是如何走上考古道路的吗？

林　沄：我在《林沄学术文集（一）》中有一篇短文叫《我的学术思想》，也提到过这个问题，但文中所言大部分都是"冠冕堂皇"的话——说是我中学时看了《共产党宣言》，对社会发展有一定认识；后来看了《毛泽东选集》，共产党结合中国实际情况，对社会发展有极大贡献；到高三的时候还看了《古史辨》，书中就提到中国古史中存在很多问题；与此同时又受到一个中学同班同学的影响，最后选择了历史专业。至于后来为什么选择考古，因为上古代史这门课的时候，自己借了不少书看，那时中国历史最热门的问题是社会分期，很多著名学者都参与了这个课题的研究，但我看到他们大都是通过文献来研究的，郭沫若先生因为掌握了更多的古文字材料而拥有更多的发言权，所以后来就学习考古了。

实际上我小学时数学成绩很好，课外兴趣小组是化学小组，当时本来是打算念理科的，但因为我的家庭出身不好，怕选了理科不能从事尖端研究,所以改选了历史。我父亲是国民党军官,解放后一开始不算很大问题,等我上大学的时候,他被当作"历史反革命"送去劳动教养了,再后来因为胃病死在劳教农场。有这样的背景,若是到1958年连大学都不能上,但我恰好在1957年参加高考,并考上了大学。大学期间学校开始"反右",接着就是反资产阶级学术思想,很多著名的教授都受批判了,所以当时觉得文科很容易受批判,但我已经学了历史,进退两难,唯独考古和政治关系不大。我当时还有很多有意思的想法,比如"考古要到农村去"、"考古和农民相结合",加上考古可以去很多地方,可以游山玩水,最后就选了考古专业,所以说选择考古专业一方面是受到政治影响,一方面也是兴趣使然。

这样说来我其实是非常幸运的,如果1958年参加高考可能连大学也考不上,结果我1957年就以文科第三名的成绩考入北京大学。考上大学以后我积极要求入党,然而有那样的家庭背景确实很难,终于在"文革"之后得以入党,从1985年到现在也有将近30年的党龄了。还有一点非常幸运的是,"文革"开始的时候我还没有参加工作,我的身份是研究生,这样就占很大"便宜",因为学生群体属于革命队伍。

李轩鹏: 自您来到东北做考古,一坚持就是50年,能讲讲在这50年的学术生涯中令您印象最为深刻的人和事吗?

林 沄: 还没到东北以前我就立志要搞东北考古。我是这么想的,当时中原地区搞考古的人非常多,对于一个年轻人来说,一下子出人头地是很不容易的,所以我就选择了东北考古。

如果说还有更深层次的原因,就要追溯到我的中学时代。当时有一个历史老师叫赵泉澄,他在抗战前曾在《禹贡(半月刊)》上分省发表过《清代地理沿革表》,论证当时已沦为"伪满洲国"的东北是中国的领土，自己很有触动。后来学了考古，发现东北地区因为曾被日本、俄国侵占过，相当多的考古工作都是由日本人、俄国人做的，更觉得东北的考古工作应该由中国人自己来做。东北考古的工作虽然有一定的基础，但还有大量的工作要做，有很大的潜力可挖，所以最后把东北考古作为自己毕生的学术追求。

在学考古的道路上，第一个给我留下深刻印象的老师是严文明先生。考古界习惯上把带自己田野实习的教师称为"亲老师"，严先生不仅是带我在洛阳王湾实习的教师之一，而且我因下西周墓坑没踩住脚窝而坠入墓底时，是他下到很深的墓底把我抱进大筐的。我至今仍记得，在田野发掘基本结束后，他领着我在仓库里，把两次实习所获的修复后的全部陶器，一样一样进行排队，给我上了一堂非常生动的类型学"器物排队"课，这成为我后来从事考古研究的一大利器。

大学三年级的学年论文《高句丽的壁画墓》，是请当时的教研室副主任宿白先生指导的，宿白先生一方面指导我看什么书，一方面对文章的具体内容提出修改意见。

我刚开始学考古的时候觉得考古学没什么书可看，新石器时代的报告可能是以《城子崖》为经典，还有关于殷墟的发掘报告，总的说来这个领域似乎没多少书可看。经过宿白先生的指点，才知道有很多关于高句丽壁画墓的著作。日本在占领朝鲜的时候，建立了一个机构叫作"朝鲜总督府"，这个机构出了很多的书，像《朝鲜古迹图谱》这样的大开本的精装书，不少都收藏在北京图书馆。还有就是从日本大正年间到明治年间的考古杂志，可以在北京大学图书馆的旧期刊库阅览。这才知道日本的考古学书刊中有很多内容是关于高句丽以及东北考古的。除此之外，宿白先生还将他自己的藏书借给我

1995 年在长春南湖宾馆的评审会上和严文明先生交谈

看。文章写出来后我觉得收获非常大：一方面初步积累了查阅文献、收集资料的经验；另一方面训练了类型学的要领，比如壁画墓的排队，我分成不同的系列，如壁画内容的演变、上方图案的演变、旁边建筑构件的演变等，这些做法都让宿白先生非常满意。但他对我通过壁画内容自由发挥来研究古代历史的部分提出批评，认为不少都是我个人的臆想，缺乏严密论证。先生对我引用的一些文献史料表示不认可，如《三国史记》《三国遗事》等，提醒我引用史料要先保证史料的可靠性，这件事让我受益至今。

除了宿白先生，还有两个人令我印象深刻，他们都是我在毕业实习期间认识的。这是各自选的实习，因为我选择东北考古方向，所以就选择了吉林的田野调查。实习期间，我在德惠做了试掘，在吉林市做了全部已知遗址的复查。实习结束后，我和同学温明荣到辽宁省博物馆参观，当时的馆长李文信先生亲自接见了我们，并指派孙守道带我们看藏品。我们不仅参观了博物馆展陈的文物，还近距离观察了库房的文物。孙守道认真又详细地向我们讲解了文物知识以及自己的研究心得，记得当时他拿出一大批西丰西岔沟的出土文物，很多都是简报中没有发表的。受他的影响，我后来写了一篇关于西岔沟铜柄铁剑的文章，进而又专门研究东北系青铜短剑。我非常感激他，一辈子认他做我的老师。

接着我们又到了旅顺，旅顺博物馆在当时是非常有名的，馆长是许明纲。许馆长对我们非常好，不仅向我们详细介绍馆藏文物，还拿出大部头的日文考古书籍供我们翻阅。书中涉及的很多文物就藏在博物馆中，使我生动地了解了过去东北考古的成果，更坚定了做东北考古的决心。

孙守道和许明纲两位先生，在后来我主持吉大考古学系工作、安

1998 年在北京京西宾馆和宿白先生为组长的国家社科基金考古学评议组成员合影

排学生田野实习时,给予了无私的帮助,他们是我永远难忘的。

再有印象非常深刻的就是苏秉琦和佟柱臣两位先生,他们也对我做东北考古研究有很大影响。我从东北回京后就着手撰写毕业论文,选定的题目是《西团山墓葬研究》。那篇文章在方法和观点上有所创新,但从后来新发表的资料看,是存在一些问题的,所以我到现在也没有发表这篇文章。

当时西团山石棺墓的发掘材料在佟柱臣先生那里,尚未发表,但佟柱臣先生毫不忌讳,任由我使用这批材料。这个做法让我印象非常深刻,学者做学问就应当这样,不保守资料,有什么都与学生分享。

写完毕业论文不久,我又写了一篇关于西岔沟铜柄铁剑的文章,主要是讨论族属问题。孙守道说那应该是匈奴,我觉得不对,从出土的铜柄铁剑的剑把看是和东北系青铜短剑相联系的,所以写了一篇不太长的文章来讨论这个问题。我自认为这篇文章写得还不错,就拿给苏秉琦先生看。苏秉琦先生很赞成我的观点,建议我扩大讨论范围,把东北所有的青铜短剑资料都收集起来,集中讨论,继续由佟柱臣先生指导,最后就把这篇文章当作毕业论文使用了。

毕业答辩的时候苏秉琦先生也给予了我很大的鼓励。因为当时北京大学并不是每个人都需要答辩的,大概是文科、理科各抽两个人答辩,《光明日报》等媒体都要来报道。我记得苏秉琦先生在答辩会上评价说:这篇论文无论是过去,还是现在,抑或是未来,都是一篇非常优秀的论文。

另一件苏秉琦先生对我影响很大的事情是他动员我学古文字。临本科毕业的时候,我原本是要留在北京大学攻读研究生的,结果宿白先生没有招收东北考古方向的研究生,于是我就想去东北做一名普通的考古人,私下拜李文信先生做导师继续学习东北考古。这时候苏秉琦先生来找我们谈话,说于省吾、徐中舒两位先生都要在考古专业招收古文字方向的研究生,建议我到长春学习古文字学,于是我又拉上上海老乡张亚初和我一起报考于先生的研究生。考上之后苏秉琦先生还专门到长春看望于老,听于老说,苏先生还特意夸奖我是在北京大学表现非常突出的学生,这让我非常感动。

以上所说的这些事并不能算作我到东北之后发生的,但却对我进入东北考古领域产生了很大影响。如果说到东北以后对我影响最为深刻的,当属于省吾先生,他谦虚随和,从不保留自己的学识与观点,还努力为我们争取良好的学习条件。最令人钦佩的是于先生非常尊重并且欣赏学生的研究成果,我之所以能在古文字方面有所成就,很大程度上都归功于于省吾先生。

我考上于省吾先生的研究生是因为幸运,我听说于先生看了我的试卷以后,帽子也没戴就跑到历史系说这个人必须要招收。但得到的回复是这个人不能收,因为他的出身不符合基本条件。于是于老就去找匡亚明校长,经过匡校长的同意,我终于成为于老的研究生。入校不到一个月的时候,匡校长召见我和张亚初,大意说出身不是自己决定的,但是人生道路是由自己走出来的,你们一定要把于老的学问学到手。我最早以为这次谈话是校长对我的鼓励,后来直到于老去世,才听历史系的其他老师说当初是于老费尽周折收我为徒,我更加感激于老了。

于老之外我还特别怀念一个人,是在我刚参加工作时认识的。我1968年毕业,一开始被分配到辽宁师范大学的现代文学专业任教,因为专业不对口,我和张亚初要求换工作,最后被分配到大连的金县和复县。当时我讲义气,说亚初是我拉来东北的,让他去金县,我去复县,因为金县靠南,离家近一些。于是张亚初在金县八中教

1979 年陪于省吾先生到广州参加古文字研究会第二次年会（流花宾馆）

书,而我被安排到复县十七中。但不久军宣队就进驻学校了,说学校没有办在贫下中农的家门口,就把学校解散了。学校教工都被分配到各个生产大队,我到万家大队的小学住过一段时间,教七年级学生。又过了一段时间,军宣队也解散了,改组为贫下中农宣传队。队长叫万福考,他很尊重读书人,没有把我当作"资产阶级权威"进行批斗,还经常邀请我去他家做客。我坐在他家的炕上感到无比温暖,感到老贫农能把我看成自己人,一定要把贫下中农的子女教好。所以我一辈子都感激这个"老福考"!

李轩鹏:您早期的研究文章《说王》在学术界影响很大,您能谈谈在古文字隶定、考释方面的心得体会吗?

林　沄:《说王》是我研究生期间发表过的几篇文章之一,这得益于于老的教育方式。他并不是系统地讲古文字的知识,而是要求我们从头到尾看一遍原始资料,然后再检查我们的读书情况。于老选定原始资料后,让我们读给他听,纠正我们的错误,并对需要重点掌握的字的读音和释义进行讲解。除此之外,还要求我们写文章。刚开始是半个月写一篇,并在教研室范围内进行宣讲,让大家提出意见,最后由于老从多个角度对文章进行点评,而《说王》这篇文章就诞生在这个过程中。

我学古文字的时候一直想和古代史研究结合起来,因为通常研究古代史的人只看文献,既不懂考古也不了解古文字,而于老则强调研究古文字的人应该像王国维写《殷周制度论》那样,对历史研究有所贡献。《说王》这篇文章的观点是王权最初由军权发展而来,这实际上是恩格斯的观点,我在阅读基础材料的时候就带着这个问题进行思考,并最终写出了《说王》,张光直先生评价说:林沄最好的文章非《说王》莫属。

从这篇文章起,我在进行古文字研究的时候便努力和历史研究结合起来。目前,我在古文字方面的研究工作主要有两方面:第一,分期,即甲骨的断代分期,因为我们要研究古史就必须将材料归入正确的时间段内。第二,要结合古文字材料来反映历史社会,跟历史研究相契合,不是单纯的古文字研究,例如从区别卜辞中的"从"和"比",来研究商周时代诸侯制的本质是国与国的联盟;通过确定子卜辞的占卜主体,研究商代父权制家族的内部情况等。这两点也可以说是我古文字研究的特点。

李轩鹏:历史文献中关于东北地区的记载很少,这是用考古资料和文献相结合研究东北考古时,时常遇到的瓶颈。我们知道您在这一领域取得了丰硕的成果,如论证了团结文化是沃沮而不是北沃沮。能说说您在做东北考古研究时将文献和考古相结合的经验和建议吗?

林　沄:谈到考古材料与古文献相结合研究古史,首先要谈到两者的特点。我们现在习惯把考古学文化分区,也就是所谓的"区系类型",是一种系统,如果要将两者结合起来,就要把考古的系统和古文献记载的系统互相比对。以沃沮文化为例,它在《三国志》里是有记载的,并且这本书对东北地区的各个民族以及它们所处的位置都有较系统的叙述,那就可以将该时期的考古学文化与其相对应。

当然我们会遇到非常棘手的问题,一是目前的考古材料并不是那么系统,比如东北的新石器时代文化分区还可以分得比较清楚,青铜时代的文化分区目前还很有争议,铁器时代的材料就较少了,尚待材料的进一步充实。二是文献的可靠性,举例来说,我有一篇文章是《说貊》,是将史料按照时代和可靠性逐个分析的。我们在引用文献的时候一定要注意到这个问题,将所有文献收集起来以后必须要有

1981 年在美国波士顿大西洋海岸,同夏鼐先生为团长的参加
商文化国际研讨会的中国代表团合影

一个客观的分析过程,决不能死板地将所有文献相累加。

李轩鹏: 在中国很少有学者能同时精通考古学、古文献学和古文字学的,您是如何做到将这三者融会贯通的呢?

林　沄: 对于我来说,这有一定偶然性。我是先学了考古,后来又跟随于省吾先生学习古文字,从复县教书回来以后帮着张忠培先生建立吉大考古专业。因为当时于老需要助手,所以我就一半时间做考古,一半时间做于老的助手。后来我想专心搞古文字研究了,张忠培先生却恰好调到故宫博物院当院长去了,吉大又要成立考古系,我不能丢下不顾,于是又回来做考古。一来二去,就这样既做考古又做古文字了。至于说文献学,我是有一定积累的,但和真正搞古文献的学者相差甚远。这属于机缘巧合吧,当时要我当考古学系的系主任,那时学校规定要成立"系"的话必须要有一个"所"相配合才行,当时决定考古系和古籍所相结合,所以我也当了古籍研究所的所长,自然也就成了"全国高校古籍整理委员会"的委员,要经常去北京开会。刚开始的时候我非常害怕,因为自己对古籍什么也不懂,但后来也耳濡目染地学习到很多古籍方面的知识,但实际上自己看过的书还是很少。我开设的博士课程《先秦文献导读》已经是非常勉强了,每次上课前都要翻阅几个小时的字典,现查、现学、现用。

当然,因为三方面的知识都有所接触,在研究问题的时候便自然都会用到,"融会贯通"恐怕只是担一个虚名罢了。

李轩鹏: 从早期铜器时代至铁器时代,中国北方长城地带和欧亚草原地带有过广泛的文化交流融合,您对这方面的研究也倾注了很多心血,请问您为什么注重这方面的研究呢?有什么深刻的体会吗?

林　沄: 最早关注到这个问题是因为大学期间学习俄语,我出

1991 年在俄国哈巴罗夫斯克博物馆的金代完颜忠残碑前

于俄语总得对考古有所帮助的考虑,找到了一本吉谢列夫的《南西伯利亚古代史》,暑假带回家生吞活剥地"啃",书中提到的材料和中国考古有联系的就是和中国北方长城地带的联系。后来研究东北考古也是和北方长城地带有联系的,我对东北地区的文化有一个观点,就是中国东北的文化要融入中原,首先是和草原地区文化发生联系,然后和中原发生联系,所以我后来在写东北系青铜短剑的时候也牵扯到北方草原的短剑。

张忠培先生在建系的时候领着我们翻译俄语材料,我在三四个月内翻译了约 60 万字的俄语材料,其中不少也涉及这个问题,后来当老师后还开设了西伯利亚考古的课程。做这一领域的研究有几点认识:第一点是中国北方草原新石器到青铜时代的东西和欧亚草原出土的东西是一体的,当然中国北方草原也有自己的特点,但和欧亚草原有很多共同点,所以要想把中国北方草原的文化面貌研究清楚,不对欧亚草原进行研究是不行的;第二点是中国北方草原地带出土的青铜器年代并不比中原地区二里头文化时期晚,我觉得它有自己的起源地,并不是中原地区扩散出去的,当然目前还没有找到发源地;第三点,如果要研究透彻中原地区的青铜器是不能离开中国北方草原的和欧亚草原的;第四点,北方草原虽然和欧亚草原存在很多相似性,但似乎并不是同一个起源,所以我提出过一个"漩涡理论",这个地区就像一个大的漩涡,把周围的文化不断吸进去,又不断地把它们甩出来。总的来说,我觉得不应该把中原文化看得太狭隘,虽然我们希望众多文化因素都是我们自己发明创造的,但确实有很多事物是从外面传入的。实际上,历史上的华夏文明和后来的中华文明之所以伟大,其重要原因之一便是它时时吸收外来的新事物,消化融合而成为有机的部分,使整个机体不断发扬光大。

2011 年在美国罗格斯大学的商文化国际研讨会上做主旨演讲

李轩鹏：您去年参加了在上海举办的"世界考古论坛"，您能结合这次论坛的主题谈谈中国考古学未来的发展方向及与世界考古学的关系吗？

林　沄：这个问题我还是分开来谈，中国的考古学家一般只考虑国内的研究，而国外的考古学家通常将视野放到全世界，这可能跟语言也有一定关系，我建议年轻人一定要把自己的外语能力提高上去，走出中国，放眼全球。另外一方面，国内的考古学家的研究方向集中在两大方面，就是文化类型分期和文明起源，而外国的考古学家联系哲学、政治学等学科要更紧密一些，这是值得我们学习的地方。视野的开阔和思维的发散需要一个相当长的过程，这是这次参会的心得体会。

谈到中国考古学未来的发展方向，我觉得有以下几个方面：第一是我们应该大力加强中国旧石器时代考古，主观上存在的问题可能是过去没有这方面的认识，客观上存在的问题是我们这方面的人才储备严重不足，比如我们的文物普查就经常找不到旧石器遗址。第二是加强历史时期的考古研究，过去我们新石器方向的研究力量最强，现在是商周方向研究力量最强，我们后段历史时期的研究力量太薄弱，而这一时期涉及的内容更多，更需要综合研究。第三就是在地区上应该加强边疆地区考古研究，而且这也是走向世界最便捷的途径，当然这涉及外语能力的问题。

将来考古学的重点，引用苏秉琦先生的话就是"两步并一步走"，我们不仅要做区系类型的研究，更要"透物见人"，复原和理解古代社会，在分期排队和研究区系类型这些基础工作做好的同时，应该去努力阐释一些人类社会历史上的新问题。

李轩鹏：我们知道中外考古学在方法论层面上有一定的差异，

2015 年在上海第二届世界考古论坛上和老朋友哈蒙德教授合影

我们在引入新技术、新方法的同时,如何吸收外国考古学方法论中合理的部分呢?

林　沄: 我们现在不仅需要研究区系类型,还要研究除此之外更多方面的内容,所以我们非常需要引入新的科学技术手段,这些新科技可以向我们提供更多信息,但单纯引进这些新技术是事倍功半的,我们更加需要吸收那些新理论、新方法。至于说学习的途径,我觉得这没有捷径,只能通过多读书、多学习,这方面戴向明是一个典范,出国留学学习新方法、新理念,通过新视角研究中国的考古材料,这很值得年轻人学习。

李轩鹏: 目前公众对考古学有一定的误解,经常将其和盗墓、鉴定混为一谈,您是如何看待公众考古的? 作为考古学者我们能做些什么?

林　沄: 我在《大众考古》创刊号上题字,"考古是人认识自身和世界的重要途径",每个人每天都在重复着认识自己、认识世界的过程,而考古发现可以提供给大家一些新的发现、新的认识,公众通过考古认识到这些,我觉得就是公众考古。

李轩鹏: 现在国内开始大量培养专业型硕士,您对目前国内考古专业学生的培养有什么看法? 能结合自己的治学经验,为新入门的商周考古学生提一些建议吗?

林　沄: 和学术性硕士不同的是,专业性硕士在保证基础知识具备的前提下更加注重专业素养和技能的培养,这样可以更好地满足社会不同的需要,同时差异化的培养模式和多元化的个人偏好选择也对个人成长更加有利,当然我们也一定要注意到专业型硕士的招生规模,要合理扩招,理性培养。我建议在课程设置上增加哲学、社会学等学科的比例,减少公共课占用的时间。

李轩鹏: 谢谢林先生接受中国考古网的采访!

(原文于 2014 年 6 月 27 日发表于中国考古网,经作者修订。)

刘
国
祥

在大兴安岭林区调查

简 介

刘国祥,1968 年 10 月生,内蒙古赤峰人,蒙古族。1990 年毕业于北京大学考古学系,同年进入中国社会科学院考古研究所工作,期间在中国社会科学院研究生院在职读书,获历史学博士学位。现为中国社会科学院考古研究所公共考古中心常务副主任、边疆民族考古研究室副主任、内蒙古第一工作队队长、敖汉史前考古研究基地主任、研究员、博士生导师。兼任中国考古学会公共考古专业指导委员会常务副主任、中国社会科学院蒙古族源研究中心副主任兼秘书长、中国玉文化研究会副会长、中国岩画学会常务理事兼副秘书长、内蒙古红山文化博物院副院长。东北师范大学、内蒙古大学、内蒙古师范大学、辽宁师范大学兼职教授。美国哈佛大学访问学者(2006~2007 年)、中央党校第 32 期哲学社会科学教学与科研理论骨干研修班学员。

学术专长:东北新石器时代考古研究、北方草原青铜器研究、中国古代玉器研究、蒙古族源研究。

参加或主持了兴隆洼、兴隆沟、城子山、谢尔塔拉、岗嘎等遗址的调查和发掘工作。现承担国家社会科学基金重大委托项目"蒙古族源与元朝帝陵综合研究",担任北京项目办公室主任。

主要代表作有:《红山文化研究》、《东北文物考古论集》、《玉器起源探索》(合著)、《海拉尔谢尔塔拉墓地》、《中国出土玉器全集》(合编)等。主编《名家论玉(一、二、三)》、《玉根国脉》、《东北新石器时代》、《东北与北方青铜时代》等论文集 10 部。发表考古简报、论文 80 余篇,计 100 余万字。

草原考古,魅力无限

——刘国祥先生访谈录

采访者:丁思聪

一、发 掘 经 历

丁思聪:刘老师您好!您作为内蒙古第一考古工作队的队长,长期工作在田野第一线,经历过多次重要的考古发掘工作。请问您当初是怎样选择了考古这一职业的?

刘国祥:1983~1986 年,我在内蒙古喀喇沁旗王爷府蒙古族中学读高中,当时我是班上的历史课代表。我能够走上考古这条路,要感谢我的班主任陈平老师。他教我们语文,经常利用晚自习的时间给我们读《史记》,使我切身感受到历史文化的熏陶。高考时,我的政治分数是内蒙古自治区的单科第二名。填报志愿时,我原本对哲学和法律感兴趣。这时,陈老师鼓励我报北京大学考古系,认为学考古会有很好的发展前景。那时我虽然对于考古学的理解仅限于历史课本中的只言片语,但因为感觉陈老师的建议很有道理,最后毅然选择了考古。之后的二十多年中,我一直投身于考古事业,学术上小有体会,也非常挚爱田野考古和研究工作,力争能使考古学在当代社会中发挥应有的作用。

丁思聪:您在 21 年的考古生涯中,长期从事一线工作,同时发表论著 80 余篇。现在看来,您当初和考古的结缘也算是一场"美丽的邂逅"了。那么能请您讲一下学生时代的考古经历吗?

刘国祥:我现在的成果得益于老师和考古前辈的教诲以及入门考古以来的长期积累。进入北大考古系之后,我经历过两次考古实习。第一次在山西的曲村,由刘绪老师和徐天进老师带队。我发掘了一座西周时期的房址,有灶和围墙。在解剖墙基时,发现了一组顺时针摆放的石圭,房门的墙基下还埋有完整的猪骨。这些发现十分重要,当时邹衡先生也亲临现场指导,给我留下了很深的印象。第二次是我的毕业实习,在湖北天门的肖家屋脊石家河文化遗址发掘,由赵辉老师和张弛老师带队。我发掘了一座重要的灰坑,出土有大量完整的陶器。灰坑中间有一件立置的大型陶罐,上面刻有一个头戴羽冠的人像,是非常难得的资料。这两次实习的经历使我对考古产生了浓厚的兴趣,也开始有了一定的理解。

丁思聪:从北大毕业之后,您来到了社科院考古所工作。您是怎样完成由一个学生到一名考古工作者的角色转变的呢?

刘国祥:刚进入考古所后,所里安排我在湖北枣阳的雕龙碑遗址进行发掘。这是一次"集训"式的学习,让我学到了考古所的整套田野发掘技术,完成了由学生时代考古实习只负责自己探方的"一亩三分地"的青涩,到可以放眼全局、顾全整个发掘工地的过渡。这也让我完成了从一名学生到一名职业考古工作者的角色转换。后来在分考古队时,我向所里提出了回家乡内蒙古工作的想法,进入了考古所的内蒙古工作队,跟随杨虎老师发掘敖汉兴隆洼遗址,杨虎老师传授给我很多田野考古发掘经验,至今心存感激,难以忘怀。

丁思聪:您参与发掘的兴隆洼遗址被评选为 1992 年度"全国十

大考古新发现"、"'八五'期间中国十大考古新发现"、"20世纪全国百项重大考古新发现",1993年还获得了国家文物局颁发的首届"田野考古奖"二等奖(一等奖空缺)。2001～2003年由您主持发掘的兴隆沟遗址入选2003年度中国社会科学院考古论坛的"六大考古新发现"。请您谈一下对这些重要考古经历的心得体会。

刘国祥: 进入内蒙古队之后,在杨虎老师的安排下,我开始了对兴隆洼遗址的整理和发掘工作。首先在库房里进行统计陶片和做卡片的基础工作。后来,为了弄清兴隆洼遗址的整体布局,在1992～1993年,我们连续两年对遗址进行了大规模的揭露工作。发现了围绕聚落的壕沟、成排的房址,在聚落中心还发现了两座面积达140多平方米的大型房屋。有的房屋居住面上排放着成组的鹿头或猪头,居住面下发现了奇特的居室葬。其中在一座兴隆洼文化二期的房址居住面下,发现了人猪合葬墓。墓主人身体右侧埋葬有一雌一雄两只整猪,人骨耳部两侧发现了两件玉玦。这些居室葬的发现,让我们意识到在以前的发掘中可能对类似迹象有所遗漏,所以在1994年和2000年,我们又对早期发掘的房址进行了补充发掘,清理了一批居室葬,明确了房屋间的叠压打破关系。1992年发掘后期,我们用热气球拍摄了兴隆洼遗址的全景照片,这张照片来之不易。时值晚秋,风力较大,连续三天热气球都无法升空,大家心急如焚,几乎要放弃了,在最后一次尝试中,带有两条巨龙的热气球瞬间腾起,在场的所有人一片欢腾。这张热气球航片已成为兴隆洼遗址的重要标志,在中国国家博物馆、内蒙古博物院、赤峰市博物馆中展出。

丁思聪: 后来您发掘了属于兴隆洼文化的另外一处重要遗址——敖汉兴隆沟遗址,当时是抱着什么样的学术目的呢?当时有什么重要的发现?

刘国祥：为了进一步推动西辽河流域新石器时代的年代框架的建立和聚落考古研究，2001～2003年我们对兴隆沟遗址进行了发掘。发掘该遗址，我们有一系列的学术目的：了解当时的经济形态，渔猎采集和农业经济的比例；开展多学科的综合研究；兴隆洼文化的进一步分期；中日史前文化交流等。兴隆沟遗址处于兴隆洼文化中期，未发现围壕。重要遗存有带暗道式出入口的房屋、亚字形房屋、居室葬等，再次发现了居住面上摆放兽头的习俗。居室葬首次发现了儿童合葬墓、成年男女双人合葬墓。在一座儿童居室墓葬中，墓主人的右眼眶内嵌有玉玦。联系到牛河梁遗址"女神像"的双目嵌玉睛，当时可能有以玉示目的作法。在房址F22的居住面上，有人骨、陶器、石器出土，保留了较完整的生活场景，屋内有明显的火烧痕迹，可能是经历了一场突发性的灾难。在王巍所长的积极推动下，以中国内蒙古兴隆沟遗址和日本青森县三内丸山遗址的发掘为基础，中日双方学者共同探讨中日史前时期文化交流关系，诸多日本知名专家如冈村道雄、岗田康博、佐川正敏、西本丰弘、佐藤洋一郎、铃木三男、百百幸雄等到工地现场参观考察，开展合作研究，取得了一系列重要成果。

丁思聪：这次发掘与早先的兴隆洼遗址相比，在发掘方法、手段和认识上有什么新的进展？

刘国祥：在发掘中，我们采用一米见方的网格为单位进行了更加详细的记录。还对土壤样品进行了系列采样，做了大量浮选，获得了丰硕的成果。在几座房屋内，首次浮选出兴隆洼文化时期的已经炭化的粟和黍的籽粒，经赵志军先生鉴定有明显的人工栽培迹象。另外，通过对古树种的鉴定，探明了当时的自然植被有栗树、橡树、榆树等。后来经过与日本学者的交流，我们认为兴隆洼文化的用玉习

2002 年发掘敖汉旗兴隆沟遗址

俗和琢玉技术,可能影响到了绳文时代的日本列岛。在发掘中,我们主动给前来参观的干部群众现场讲解,组织当地中、小学生到工地参观,在小学校园举办考古发掘成果展,达到了很好的科普效果。

丁思聪:您除了在赤峰做田野考古工作外,在呼伦贝尔也进行过一些重要的发掘,如谢尔塔拉墓地,请您介绍一下具体的情况?

刘国祥:1997年夏,考古所原党委书记王立邦和原常务副所长乌恩先生到海拉尔地区进行考察,了解到当地发现了一批新的青铜器材料,感到非常重要。当年的秋天,派我到海拉尔进行调查。我找到了青铜器出土的地点,可能是一座被破坏的墓葬,中间有堆土。经过对墓葬填土的筛选,又发现了一些珠子、铜铃等小件物品。这些遗存的年代大约在春秋战国时期。我们对墓葬周围进行了钻探,但是没有发现整片的墓地。就在调查即将结束时,我们在一条冲沟的剖面上发现了露出的墓葬棺木,于是对该墓葬进行了抢救性的发掘。出土了保存完整的木棺和金银器,从墓葬形制和随葬品看与呼伦贝尔地区两汉时期的鲜卑人墓葬有别。在周围,又发现了几座墓葬,从而确定这是一片古墓葬群。我们将上述发现上报国家文物局,经立项批准后,于1998秋开始对谢尔塔拉墓地进行发掘。前后共清理10座墓葬,其中的8座保存比较完好,均为土坑竖穴墓,常见屈肢葬,以单人葬为主,双人葬仅有一例。规格最高的M6有一棺一椁,随葬有完整的弓、装满箭的桦树皮箭囊,墓主人枕在马鞍上。这些习俗都显示了典型的草原游牧民族风格。经碳十四测定棺木样品的年代数据为9~10世纪,其墓葬形制、风格与辽代亦明显不同。经调查,西乌珠尔也发现有类似的墓葬遗存,应代表着呼伦贝尔草原新发现的一种晚唐五代时期的游牧民族文化遗存。因此我将以谢尔塔拉墓地为代表的这些遗存命名为"谢尔塔拉文化"。2006年,我们完成并出版

2012 年出访日本

了《海拉尔谢尔塔拉墓地》一书,这是呼伦贝尔地区的首部考古专刊,其中运用历史学、民族学、民俗学、体质人类学等综合性研究方法对这批墓葬进行了研究。这批人骨具有典型的蒙古人特征,我们认为属于晚唐五代时期的室韦的遗存,这为研究蒙古族起源提供了考古实证资料。

二、研究成果和新思考

丁思聪:作为一名考古学者,田野发掘和研究是紧密结合的。您能谈一下近年来对北方地区新石器时代文化研究的成果和新思考吗?

刘国祥:内蒙古东南部和辽宁西部地区的新石器时代考古资料是东北地区最完善的。我以往的研究成果主要包括兴隆洼文化的聚落形态、经济形态、埋葬习俗、原始宗教信仰、文化交流等方面的研究;红山文化与辽西地区的文明起源,这也是为了配合中华文明探源工程所做的工作,对于红山文化是否已经进入了初级文明社会这一问题有了新的认识。红山文化时期已经有了手工业分工,出现了等级社会、神权与王权合二为一的政权组织形式,还发现了大型的礼仪中心(如大型祭坛)。这说明了辽西地区的史前社会在红山文化时期发生了剧变,进入了初级文明社会。

丁思聪:您对今后东北地区新石器时代的研究方向有何设想?

刘国祥:在东北地区,特别是赤峰地区,遗址的分布非常有特点。新石器时代遗址的分布较为单纯,缺少叠压打破关系,从而为研究聚落形态提供了很好的实证。但是,目前发掘的遗址仍然偏少,下一步的计划是希望通过特定区域的多学科调查来推动这一时期的聚

2012 年考察红山遗址（右三）

落形态研究。该地区考古学的基础研究也需要加强,尤其是华北地区已经发现了近万年前后的新石器早期遗存,东北地区至今尚未发现此类遗存,如何填补新石器时代早期阶段的空白,应是当前需要开展的一项很重要的田野工作。同时也需深入探索辽西地区文明化进程及其在中华文明起源、早期社会发展进程中的地位和作用。还有一个重要课题就是探索北方旱作农业的起源。兴隆洼文化时期以狩猎采集经济为主,但是农业已经出现。到了红山文化时期,农业已经占据一定的比重,然而狩猎采集仍然是非常重要的补充。到了早期青铜时代的夏家店下层文化时期,该地区的考古学文化面貌发生了很大的变化,遗址连续居住的时间很长,地层堆积很厚,表明是定居的农业聚落。但是到了夏家店上层文化时期,该地区的生业模式发生了根本性的转变,农业经济退居次要地位,游牧经济占据主导地位。经济模式的发展和转变也是我们需要探讨的。

丁思聪: 东北地区史前文化与周边地区的文化交流情况如何?

刘国祥: 东北地区史前时期的文化交流,涉及东北亚之间的史前文化交流,我们开展田野考古工作应强调区域性,但开展学术研究一定要注重开阔学术视野、辽西地区的发展与中原文化的关系、东西之间的文化交流等。如东北地区红山文化的兴起和发展,与中原仰韶文化的影响密不可分。英国剑桥大学的马丁·琼斯教授认为,欧洲的小米起源可能与辽西地区有关,亚欧草原为文化的传播提供了方便的通道,加强这方面的学术合作也是我们希望的。

丁思聪: 在目前发掘过的东北地区史前聚落资料中,始终没有提到有关墓地的信息,当时是否有集中的墓葬区呢?

刘国祥: 在目前辽西地区的新石器时代考古学文化中,如小河西文化、兴隆洼文化、富河文化、赵宝沟文化、红山文化，很少发现独立于居住区之外的集中墓地。即使是红山文化的积石冢，也仅仅是埋葬少部分高等级的社会成员。这是我们今后努力的方向，应予以足够重视。

丁思聪：东北地区史前聚落内部的布局和功能分区情况如何？

刘国祥：兴隆洼文化的聚落中目前还没有发现明显的功能分区，整个聚落可以分为几个相对独立的区域，每区代表一定的社会组织单位。当时的社会生活主要以家户为单位，家户这一概念对于探讨辽西地区史前文化具有重要的意义。在我们编写的发掘报告中，就以房址为单位，客观描述和研究当时的社会组织状况。兴隆洼文化时期的房屋是成排的，有相对独立的窖穴分布区，这表明当时家户之间的联系较为紧密。而到了红山文化时期，家户有独立出来的趋势，成为一个相对独立的生产单位。兴隆沟遗址的第二地点就是一个红山文化的晚期聚落，该聚落的房屋相对独立，窖穴分布在房屋周围，家户的相对独立性得以体现。

丁思聪：这些聚落所体现的社会结构是怎样的？

刘国祥：兴隆洼一期聚落内分布有大、中、小三类房址，大型房址是公共活动的场所。在二期聚落的大型房屋内，发现了人猪合葬墓等重要遗迹现象，墓主人是一位 50 多岁的男性，其右侧埋有一雌一雄的整猪，墓主人可能是当时的聚落首领。此外，兴隆沟聚落内的一座大型房址内发现一座居室墓，墓主人耳部佩戴玉玦，胸部和腕部佩戴人头盖骨牌饰，生前社会地位较高。红山文化大型积石冢内埋葬的社会成员，应代表不同等级的祭司，生前应为社会管理者。

丁思聪：您在工作初期一直从事东北地区新石器时代的研究，

在敖汉旗博物馆观摩正在修复中的陶塑人像（左）

为什么在读研阶段选择了北方草原地区的青铜文化作为硕士论文的题目？

刘国祥：我的硕士论文做的是《夏家店上层文化青铜器研究》，我的导师是乌恩先生。之所以选择做这个题目，是因为以前一直研究东北地区的新石器文化，而对北方青铜时代的文化比较生疏。希望能凭借读研究生的阶段熟悉内蒙古地区的青铜文化，系统地整理辽西地区的青铜器资料。

丁思聪：那么请谈一下您对北方草原地区青铜文化的认识？

刘国祥：我认为北方草原地带的青铜文化非常具有特色，我的研究集中在辽西地区，夏家店上层文化是北方地区十分发达的一支青铜时代文化，资料也相对丰富，较重要的发掘有南山根、小黑石沟等墓地，出土了较多具有北方草原特点的青铜器。另一方面，北方地区和中原地区的文化交流也是非常密切的，在夏家店上层文化高等级墓葬中，经常出土一些中原式的青铜礼器，年代一般在西周晚期至春秋早期。我认为这种现象反映了该地区自红山文化以来与中原地区文化相互交流的传统。当然，北方地区的青铜器有着明显的自身特点，如动物造型的器物。我在硕士论文中将夏家店上层文化的青铜器分为八期，对其进行了比较详细的年代学研究。同时也梳理了当地青铜文化发展的脉络，包括与周边地区青铜文化的关系，如曲刃青铜短剑的起源等；还有北方草原与京津地区青铜文化的关系、夏家店上层文化与鄂尔多斯地区青铜器的关系等。目前我们发现的夏家店上层文化的墓葬较多，而遗址较少。对该文化的研究是探索北方游牧文化起源和早期发展的重要基础。还有夏家店下层文化与夏家店上层文化的关系问题，前者资料丰富，特别是发掘了大甸子遗址与墓地。这两个文化之间是年代先后关系还是有一定的并行阶段，还需要我们进一步的考察。2008 年我们组织了一次关于中原与北方早期青铜文化互动的学术活动,对内蒙古地区的青铜文化做了从西向东的系统考察,在鄂尔多斯和赤峰分别召开了两次座谈会,收获颇丰。

丁思聪: 刘老师您除了研究东北地区新石器时代和北方草原文化之外,这些年来也进行了一些玉器和玉文化的研究,发表和编著了大量相关著作。您是怎样开始关注玉器的?

刘国祥: 我对于玉器的兴趣首先来自对兴隆洼文化玉器发掘与研究的经历。1992 年我们在兴隆洼遗址的一座居室墓(M117)中发现了出自墓主人耳部的两件玉玦,后来兴隆沟遗址再次发现了玉器。我们请教了闻广等先生,确认兴隆洼文化所发现的玉器是我国已知最早的玉器,把玉器出现的年代推进至距今 8 000 年前后的新石器时代中期,开创了中国雕琢和使用玉器的先河。兴隆洼文化玉器作为我国玉文化的重要源头,尽管目前发现的数量有限,但地位比较独特,需要进行系统的研究,这促使我开始了玉器的研究。我关注玉器的另一个原因是在研究辽西地区的红山文化时,感到玉器在其中所起到的重要作用,不了解玉器,就难以深入地认识和研究红山文化。通过对玉器的剖析,我认识到了玉器在中国文明起源和早期发展进程中的重要地位。我于 2006~2007 年在美国哈佛大学做访问学者时,所研究的题目正是中国玉文化的起源与发展和文明社会的诞生。

丁思聪: 的确,对材料的接触和认识是我们产生新思考的源泉。由于玉文化在儒家文化中的崇高地位,玉器和玉文化的研究一直受到重视,老一辈学者们对此多有涉及,您是否也受到了这种氛围的影响?

在辽宁省博物馆观摩红山文化玉凤

刘国祥：在我接触玉文化的时候，有两位先生对我产生了深刻的影响。一位是夏鼐先生，他在1980～1984年发表了几篇重要的玉器论文，明确提出，研究玉器要从考古学角度入手，使我对研究玉器产生了信心。此外，对玉器的研究还应注重从矿物学、地质学、历史文献学、实验考古学、民族学与人类学等角度的综合性研究。在这些研究中，考古学要占据主导地位。中国玉文化体系是由科学考古发掘出土的玉器建立起来的。没有牛河梁遗址的发掘，红山文化的玉器就难以得到确认；没有兴隆洼文化玉器的发现，对中国玉文化起源的认识也就不可能推进至距今8 000年的久远年代。夏鼐先生从考古学角度出发，对于商代玉器和汉代玉器的研究文章，对我们非常有启发性。另一位是费孝通先生，费先生晚年对中国玉文化的弘扬让我非常感动。他晚年提出了在当今全球化的时代，保持世界文化多样性的必要。从构建新的世界物质文明的角度，中华民族能有什么更好的东西贡献给未来的世界？费先生首先想到了中国的玉器。费先生大力提倡中国玉文化研究，组织召开了以考古专家为主的全国性的玉器研究专项会议。作为一个考古人，我感到有责任也有必要深入开展玉器的研究。

丁思聪：请您谈一下近年来对玉文化研究的成果？

刘国祥：2004～2007年，我们和香港中文大学中国考古艺术研究中心主任邓聪教授合作，以兴隆洼和兴隆沟遗址出土玉器为基础，研究玉器起源问题。邓聪先生当时正在研究东亚玉器工艺，开展该课题时我们从三个方面进行研究。第一，从考古学的角度，重点研究其出土背景、形制、使用方式，在中国玉文化发展中的源流关系等。第二，我们从实验考古学出发，探索玉器的工艺。如在兴隆洼遗址出土的一对玉玦，内外径、重量均一致，这在当时技术水平下是一个很了不起的成就。我们在香港中文大学对玉玦上窄缺口的加工进行了制作工艺的复原实验,发现用线切割技术,用麻绳、解玉砂、水能将玉器切开。对比实验加工的玉器和兴隆洼文化出土的玉器,我们发现其痕迹是一致的,这说明了在兴隆洼文化时期,先民们可能已经掌握了线切割技术。这一技术在东亚有着很广泛的分布,而兴隆洼文化应是其源头。第三是使用方式的研究。首先是根据其出土位置,其次是依据民族学的资料。现代海南岛的黎族,还有在耳部戴玦饰的习俗,佩戴时玦的缺口向下,这就说明了其佩戴方式是耳部穿洞。兴隆洼文化先民们应该是使用相同的方式。

丁思聪: 玉器原料的来源是一个很有争议的话题,早期学者们常常笼统地认为透闪石玉产自昆仑山一带,近年来开始对本地的古矿藏给予了更多的关注,您对东北地区史前文化玉器的产地问题有什么新的认识?

刘国祥: 对于玉料的来源,我们也进行了探索。兴隆洼文化的高等级玉器,如玉玦,都是黄绿色的透闪石,几乎均产自辽宁岫岩的细玉沟。有一对玉玦上的红褐色斑块,原先认为是沁,后来研究发现是河磨玉留下的石皮。

丁思聪: 您和香港中文大学邓聪教授合作,在 2007 年出版了一本著作《玉器起源探索:兴隆洼文化玉器研究及图录》,请您介绍一下这本书?

刘国祥: 这本书的编著者是杨虎先生、邓聪先生和我。以上述成果为基础,在《玉器起源探索》一书中,我们扩大了视野,参考了俄罗斯、日本、朝鲜半岛的资料。在整个东亚地区玉文化发展的过程中,兴隆洼文化玉器都具有开创性的地位。通过与日本学者的交流,我们认为日本绳文时代玦饰的起源,应该和东北地区的玉器有关。

不仅器类相同，器物组合、加工方式也都一致，均采用线切割技术。在本书中，我们还邀请了日本的藤田富士夫、哈佛大学的傅罗文先生撰写了文章。本书印制精良，中英双语刊发，在东西方学术界得到了广泛的认可。台湾著名玉器专家邓淑苹先生认为该书为东亚玉器研究史上里程碑式的著作。

丁思聪： 您近年来还参与编著了其他一系列关于玉器的著作，请您介绍一下相关的情况？

刘国祥： 我们感到随着玉器出土数量的不断增加，亟需一部具有断代意义的工具书。科学出版社组织了全国文博考古界的骨干力量，在 2005 年编著出版了 15 卷本的《中国出土玉器全集》，我在其中担任了全集的副主编和东北分卷的主编。这套书收录了考古发掘出土的具有准确年代和出土地点的玉器，应为中国玉文化研究史上的扛鼎之作。我们近年来还编辑出版了《名家论玉（一、二、三）》、《玉根国脉（一）》等著作，总计约 400 万字。在这些论文集中，我们主要收录诸多专家玉器考古研究的文章，是学习和研究中国玉文化的经典文献。中国出土玉器数量日益增多，资料浩繁，如需对出土背景进行全面解读，一人之力是远远不够的。我们通过编纂这些文集，便于学者和相关人士进行综合研究。

丁思聪： 您对于玉文化研究的现状与今后的发展有何看法？

刘国祥： 中国玉器研究已经取得了丰硕的学术成果，但仍存在诸多不足，参与的人数较少，而且从考古的角度来研究玉器还没有引起广泛的重视。我参加过两届在日本召开的年度玉文化大会，参加会议的大部分是考古学家，把当年最新的成果介绍给大家，有大量的公众前来旁听，气氛非常热烈。日本的玉器资料并不丰富，但是相关

在翁牛特旗观摩黄玉龙（中）

的活动开展得有声有色,参加玉文化研究的人员很多,这与我们国内的情况形成明显的反差。因此,我们对于这方面应该重视起来。在编写考古报告时,我们不能仅仅刊发玉器的图片,而是要对其展开深入的研究。我们通过玉文化的研究,可以获得教育公众的社会意义,为研究传统文化作出贡献。另一方面,我们在研究时要借助多学科手段,如矿物学、埋藏学、人类学、历史文献研究、民族学调查等。在其中,考古学应该占据主要地位。我们也希望能够通过对古代玉器的研究,对当代玉文化的发展提供参照。此外,我们在北方地区特别是东北地区,对于史前玉器作坊的研究还很缺乏,至今没有发现相关的遗迹。

三、内蒙古一队的建设

丁思聪: 作为社科院考古所内蒙古第一考古工作队的队长,请您谈一下近年来考古队的建设情况?

刘国祥: 内蒙古考古工作队成立于1959年,是社科院考古所建立较早的工作队之一,刘观民先生是第一任队长。几十年来在内蒙古地区做了大量的考古工作,重心在赤峰地区。通过这些工作,大体建立起来了内蒙古东南部从新石器时代到青铜时代的年代框架。2003年,由于工作需要,内蒙古队分为第一工作队和第二工作队。第一工作队主要负责新石器时代至青铜时代的发掘研究,第二工作队负责辽金时期的考古工作。内蒙古一队归属于边疆与民族考古研究室。以前,我们队一直没有固定的工作地点,直到2003年,考古所与赤峰学院签署协议,将内蒙一队设在赤峰学院,工作条件大大改善。我们还在赤峰学院办了一个小型的展览,集中展示内蒙古工作队50余年的学术成果。与赤峰学院共建了红山文化国际研究中心,2004年召开了首届红山文化国际学术研讨会,吸引了80多名国内外学者参与,编辑出版了会议论文集《红山文化研究》,被评为年度最佳考古文博论文集,对研究红山文化起了积极的推动作用。2010 年,我们又与台湾杨建芳师生古玉研究会合作,组织召开了一次以红山文化玉器为主题的学术会议,也出版了论文集。这些年我们和赤峰学院合作,开设了红山文化学术论坛,和国外研究机构广泛合作,培养了一批研究红山文化的师资队伍。2011 年 7 月 31 日,中国社会科学院常务副院长王伟光先生在赤峰考察期间,专程赶到赤峰学院,仔细查看了内蒙一队的展厅和存放文物标本的库房,王院长对几代考古人数十年在赤峰地区取得的田野考古成果予以高度评价,对考古研究所与赤峰学院的合作模式予以充分肯定。

丁思聪:目前内蒙古一队的主要工作是什么?您对考古队将来的发展有何想法?

刘国祥:内蒙一队当前的主要工作是进行兴隆洼和兴隆沟遗址的报告整理工作。前者已经完成了 300 万字的初稿,后者完成了 120 万字的初稿,我们也希望能够尽早将报告出版。下一步我们将重点发掘红山文化聚落遗址,继续推进这种合作研究。赤峰学院还准备建设新图书馆,计划提供给我们 2 000 平方米作为展厅,我们准备举办一个展览,以充分展示我们内蒙古队 50 多年来的工作成果。这也是我们回馈社会的一种努力。

四、公 共 考 古

丁思聪:文化遗产保护和公众考古成了国内近年流行的观念,随着电视节目、新闻报道的增加,公众对于考古的热情逐渐增高,您认为应该怎样更好地开展公众考古活动?

刘国祥:2008 年考古所成立了公共考古中心,由王巍所长兼任主任。成立这一中心的初衷是推进考古学的大众化。我们的宗旨和目标是"宣传考古成果,普及考古知识,增强全民文化遗产保护意识,传承与弘扬中华文明悠久文化"。成立之后,我们开展了一系列公众考古活动,如2009年的"走进二里头,感知早期中国"、"走进安阳殷墟,见证埋藏在地下的商王朝"等。我们在活动中邀请了众多的新闻媒体前来报道,取得了良好的社会效果。2008~2010年间,我们召开了三届"中国玉文化名家论坛",向社会大众传播玉文化知识。2010年1月,我们还组织了中国社会科学院公共考古论坛"聚焦曹魏高陵",收到了很好的效果。在考古所成立60周年的大庆活动中,我们公共考古中心负责了宣传活动,组织《人民日报》、新华社、《光明日报》、中国新闻社、《中国社会科学报》、《中国文物报》等新闻媒体的记者撰写文章,对考古所的研究成果进行宣传。2010年5月我们所被科技部、中宣部、全国科协授予"全国科普工作先进集体"称号。通过这些努力,我们要把考古的成果向社会公众进行宣传,实现考古学回归于大众的理念。苏秉琦先生曾说:"考古原应回归它的创造者——人民,这是它的从业者的天职。"我们的现任所长王巍先生明确提出中国考古学的发展趋势是"科学化、国际化、大众化",把公共考古作为中国考古学发展的一个重要方向。

丁思聪:作为公共考古中心的常务副主任,您对中心未来的发展有什么设想?

刘国祥:我们今后的目标是开展形式多样的考古活动。每一个考古工作者,特别是考古领队,都应该具有公共考古的意识。例如在考古发掘过程中,向当地的中小学生和群众开放工地,进行宣传和讲解,使他们了解相关文化知识。另一方面是出版科普类的考古书籍、拍摄考古纪录片等。我们还计划组织一场"村长与考古队长之间的

2013 年在陈巴尔虎旗

对话",准备选取一些重要考古遗址所在的自然村的村干部与考古队长举行一场对话,增进相互的了解,树立文化遗产保护意识,进而带动民众。我们已经组织开展的另一项工作是对经历过重大考古发现的学者们进行访谈。由于有些经历和思考并不能完全体现在发掘报告中,这对于编写考古学史是非常宝贵的资料。第三个想法是考古纪录片的制作。作为考古研究所的创新工程项目,我们在 2011 年准备拍摄两集关于农业起源的纪录片,一集是粟作的起源,另一集是稻作的起源。2012 年,我们还将围绕中华文明起源为题目制作纪录片,选择了牛河梁和凌家滩遗址,准备各拍摄三集。开展公共考古活动,我们要充分发挥媒体的作用。以往的考古纪录片,往往由电视台选题,考古学家在其中的作用较为被动。这次的纪录片制作由公共考古中心主持,注重学术性,传播正确的考古知识,对公众进行正确引导。此外,以往的考古发掘,由于缺少专业摄影师摄像的资料,只能通过"再现"等方式来展示。今后我们的重大考古发现,应该请专业的摄影师全程拍摄和记录,这样可以科学地记录各方面的信息,避免考古信息的不完整。

丁思聪: 刘老师,感谢您接受中国考古网的采访。最后,请您谈谈您的个人业余爱好及工作和生活理念。

刘国祥: 好的。谢谢你!在此也感谢关心内蒙古考古的广大网友!我喜欢蒙古音乐,平时爱唱草原歌曲,《雕花的马鞍》是我们内蒙古第一考古工作队的队歌,全队人都会唱。户外运动喜欢骑马和登山。考古,苦中有乐,先苦后甜!常言道"宝剑锋从磨砺出,梅花香自苦寒来",这也是我的工作和生活理念。

(原文于 2011 年 11 月 15 日发表于中国考古网,经作者修订。)

刘 莉

2013 年于美国斯坦福大学

简　介

　　刘莉,教授。1982 年毕业于西北大学历史系考古专业,获学士学位;1987 年毕业于美国天普大学人类学系,获硕士学位;1994 年毕业于美国哈佛大学人类学系,获博士学位,师从国际著名考古学家张光直先生。1996 年至 2010 年任教于澳大利亚拉楚布大学,2008 年选为澳大利亚人文科学院院士。2010 年至今任美国斯坦福大学东亚语言与文化系讲座教授,先后讲授"中国文明的出现"、"东亚考古"、"古代中国的艺术及信仰"、"文明的兴起与衰落"、"食物考古"等课程。

　　学术专长:早期中国考古、中国与旧大陆其他地区之间的文化互动关系、古代中国动物及植物的驯化、早期国家形成及社会复杂化、聚落考古及早期城市化过程等。近年来开始关注科技考古,注重淀粉粒遗存和石器微痕研究。

　　积极推动中外人员交流与学术互动,先后为中国、澳大利亚及美国培养了十几位优秀的博士、硕士。从 1997 年开始,与中国社会科学院考古研究所、哈佛大学等合作,启动了伊洛河流域区域考古调查及发掘,探索中国古代文明起源、国家形成的过程。

　　主要著作有:《早期中国国家的形成》、《中国新石器时代:迈向早期国家之路》、《中国考古学:从旧石器晚期到青铜时代早期》。先后发表了《龙山文化的酋邦与聚落形态》、《城:夏商时期对自然资源的控制问题》、《中国文明腹地的社会复杂化进程》、《中国早期国家的形成》等重要著述数十篇。

曾经沧海，求索不辍

——刘莉先生访谈录

采访者：乔 玉

乔　玉：刘老师，您好！首先感谢您接受中国考古网的访谈，您已经是国际上中国考古学研究的领军人物，为了让更多人了解您的研究历程，您能先给我们介绍一下您是怎么和考古结缘的吗？您是当时恢复高考后的第一届考生，从陕北插队到工厂招工再到高考，应该是一个很曲折的过程吧？

刘　莉：我 1969 年 1 月去陕北延安地区插队。我中学是初中六八级，那时候听说六八级的分配去向是到陕甘宁插队，陕甘宁之后是新疆。我当时 15 岁，正好是一个想要独立的年龄，就特别想有一个机会离开家，但是离开之后是什么样的一点都不知道。插队只待了两年就赶上招工，我是比较早的一批离开农村的，去了铜川的一个兵工厂。我在那里做了 7 年铣工，就生产两个零件——枪上的两个零件，每个月都生产一模一样的东西，所以是非常无聊的，当时就特别希望能做一些有意思的工作。后来恢复高考的消息传来，我就坚决地报考了。

乔　玉：高考的时候您填报的就是考古专业吗？

刘　莉：是，那个时候自己选择专业。我第一志愿报的就是西北大学考古专业。

乔　玉：很多学考古的好像都是误打误撞进入这个领域的，您那个时候了解考古是做什么的吗？

刘　莉：不知道，但是我对考古有一个模糊的概念就是觉得有意思。在插队和在工厂的时候，文化生活非常匮乏，能够找到的书很少，有的时候偶尔也会找到一些好书看一下。那个时候我不记得从哪借了一本书叫作《古峡迷雾》，是童恩正先生写的，大概是他上大学的时候写的第一部小说，是以考古为主题寻找巴文化的。小说中讲到在一个山洞里发现有巴文化的文字，这个主人公找到了这个巴文化的遗存和文字，同时又发现了一把短剑，这把短剑又引起了一个故事，里面还牵扯到一个美帝国主义之类的人物，他可能是把当时的一些国际关系融合在里面，但是非常有意思。我看了之后觉得考古就像侦探小说一样，那时候我最喜欢两部书，一部是《福尔摩斯侦探全集》，另一部就是后来发现的这个《古峡迷雾》。我觉得福尔摩斯里面的故事跟童恩正的《古峡迷雾》非常接近，一直希望能有一个机会做这样的事情，显然这只有考古才可能做到。虽然当时也不懂考古是做什么的，就以为是像童恩正说的那样去寻找一个失去的文明，整个的过程又像福尔摩斯探案一样，我就是从这个角度去选的，报考了考古专业，之后就录取了。当时还有另外一个原因要报考古，因为我在工厂工作了 7 年，是带工资的学生，将来毕业之后工厂是有权力把我叫回去教中学的，所以我就要找一个可以不用回去的专业，唯一可选的文科专业就是考古。

乔　玉：您在西北大学学习的过程中也感受到了考古和您自己想象的不一样了吧？您经过一段时间的学习后对考古有什么新的认识吗？

刘　莉：大概所有学考古的人都有这样的经历，你当时想象的考古和实际学的考古好像不是一回事。那个时候我们十年都没有学上，所以不管学什么都特别愿意学，真的就是求知若渴，然后对知识抱着一种神秘的敬畏感。因为我不懂，就想知道更多，至于考古为什么教的是这个样子，我们也没有资格去问，只是想考古就应该是这样的。那个时候的风气就是对知识有一种渴望，大家都是非常饥渴的心态。那个时候我觉得越古老的就越好，另外一个原因是越古老的离政治越远。那个时候我不愿意上近代史，因为近代史牵扯到政治，我们从"文革"过来以后就对政治非常反感，不愿意离政治太近。当时觉得考古应该像一个世外桃源一样，可以追求纯学术的东西，寻找几千年、几万年以前的人类生活，觉得挺有意思的。当时也是比较系统的学习，是分各个时期的，旧石器、新石器、夏商周、秦汉、隋唐这些课程一个个学下来。

乔　玉：您在大学期间有印象特别深刻的事情吗？

刘　莉：印象深刻的当然就是老师了。老师讲课的特点，讲一些比较有趣的地方。还有印象深刻的就是发掘，因为那是比较具体的，学生之间的互动和老师之间的互动都比较密切。记得当时旧石器和新石器时代考古都是王世和老师教的，我觉得他教课比较生动，所以给大家的印象很深，我毕业论文写的也是新石器的内容，可能跟这个老师教得好有关系。另一位印象深刻的就是段连勤老师，他特别强调做研究、写文章。他那个时候对学生非常好，经常告诉我们一定要练习写文章，所以从那时起我们就开始写一些东西，他给我们做指导。上学的时候不是说背背书就可以了，要学怎么做研究。当时他传达给我们的不仅仅是知识，更是对学术发展的一个理念。所以段老师是对我影响比较深的老师。至于当时的考试，我印象最深的就是要考洛阳烧沟汉墓的器物组合,哪一个墓出了多少鼎、豆、壶等,这些要记得清清楚楚的,也很烦的(笑)。

乔　玉：您们当时是在哪里实习的?

刘　莉：在陕西华县梓里遗址,最近出了一个梓里文集就是我们班同学的论文集(《梓里集——西北大学考古专业七七级毕业三十周年纪念文集》),里面还有一些老照片,那个大家的印象还蛮深的。

乔　玉：您大学毕业之后就加入了陕西省考古研究所,参加了不少重要发掘,对您来说是最重要的经历,对您以后的研究也会有一定的影响吧?

刘　莉：我到陕西省考古研究所时最开始发掘的是凤翔秦公大墓和马家庄秦宗庙遗址,那时是韩伟老师在做队长,老师一辈对我影响比较大的就是韩伟老师,他特别强调做研究,就像段连勤老师一样。我们在凤翔的时候,他就说你们必须要写文章,所以我最早的文章都是在凤翔写的,有一篇写铜镂,还有一篇写的是瓦当,那都是韩伟老师提供给我们的资料,而且还有一些提示。他当时就说这个铜镂应该是有北方风格的,所以我就沿着他的这个提示做了一些比较深入的研究。那个时候觉得做研究还是挺有意思的,而且做研究的整个过程确实就像写侦探小说一样,确实跟福尔摩斯侦探有一些相似的地方。

乔　玉：您在陕西省所的时候也不是只专注于新石器时代文化,还包括别的文化时期的研究吧?

刘　莉：对,因为秦公大墓和马家庄遗址就是春秋秦文化,所以我对那个时期还是有兴趣的,尤其是北方草原与这一地区的文化交流,我到现在也很有兴趣。我觉得跟那个时候开始接触的秦文化受西戎的影响,有一些器物包含草原文化因素。

乔　玉:康家遗址是您在哈佛大学学习时参加发掘的吧?您在那时就确定了新石器考古的研究方向吗?

刘　莉:对,当时为了做博士论文就去康家遗址做发掘。在哈佛大学学习时确定研究方向为新石器时期,这跟美国的教育和考古学的倾向有关系,在美国考古学是人类学的一部分,主要研究史前民族生活、人类行为。到有历史记载的时期,一般会牵扯到比较精致的艺术品,例如铜器、玉器、陶瓷,就属于艺术史的范畴了。考古学主要是研究没有文字记载的时期,是用一些人类学的理论指导考古学的工作,提出一些问题,解决人类行为的问题,它的研究范围是比较明确的,很少做晚期的。当时我跟石兴邦先生讨论,说想做聚落考古,石先生说那你就做康家遗址吧。所以当时是石兴邦先生帮我敲定的这个项目。

乔　玉:在您的博士论文中,康家遗址的资料是很重要的一部分?

刘　莉:对,是重要的一部分。我的博士论文是从家户(household)、聚落(settlement)和区域(regional)这三个层次展开讨论的。在康家遗址我们发掘了一个院落,这些资料是我讨论家户问题的基础。

乔　玉:当时您去美国读书,哈佛大学并不是第一站,最后转去哈佛大学攻读博士学位是因为张光直先生才慕名而去的吗?

刘　莉:我最早到美国的时候,是在费城的天普大学(Temple University)读硕士。去哈佛当然和张先生有关,是慕名去的。在一个偶然的机会,我认识了张光直先生。那是1986年,在华盛顿附近的

1996 年与石兴邦先生在美国费城唐人街

弗吉尼亚(Virginia)有一个早期中国的会议,当时来参加会议的都是中国知名的学者,包括石兴邦先生。因为石先生不说英文,所以他先到费城找我陪他一块儿去开会,给他当翻译,其实我等于是蹭会的。张光直先生当时也来参会,还有其他的像童恩正先生这些大家,都是我第一次见到。我当时也跟童恩正先生提起我进入考古就是因为看了他的小说,他听后非常高兴。当然我也认识了张光直先生并跟他有一些交流,在会上也有一些讨论,他当时还鼓励我申请哈佛。我同时申请了好几个学校,有哈佛、密歇根、匹兹堡、亚利桑那等大学。匹兹堡大学和亚利桑那大学都接受我了,哈佛大学的录取通知书是最后一个来的,奖学金也是最多的,又有张先生这样的名师,所以就选择了哈佛。

乔 玉: 当年哈佛大学特别不好申请吧?

刘 莉: 应该是不好申请,而且张光直先生当时也有他的条件,就是一定要在美国读过书的学生,我那个时候正好拿了美国的硕士学位,是符合他的条件的。

乔 玉: 在哈佛大学的学习应该是对您今后的研究影响最深的吧? 您觉得张光直先生对您影响最大的是哪方面?

刘 莉: 对,去哈佛大学是我人生一大转折。对我来说,人生有三个转折:一个是考上了西北大学,从兵工厂流水线上的造枪工人变成一个学考古的大学生;第二个就是去美国,给自己开辟了一条更为广阔的学术道路;第三个就是去哈佛大学,跟随张光直先生学习考古,研究中国考古学。张先生既有非常好的人类学理论的功底,也有中国传统文化的功底。我在中国传统文化方面的基础不好,比如说金文、古文这些都不在行。我们上大学的时候接触的古文很少,金文

1997 年与张光直先生在哈佛大学 Peabody Museum 合影

就更少了,而我在考西北大学之前真正的学历就是初中一年级。人类学理论方面的教育我是在美国接受的。我在天普大学读书的时候有两位导师在人类学和考古学理论方面都有比较深的造诣,使我在这方面有不少的收益,所以到了哈佛大学能够比较快地把考古学理论和中国考古资料结合起来,找到一些突破点。我非常佩服张先生的地方就是我所有想到的问题他都已经有答案了。比如在学习过程中,有时我觉得这是一个很好的题目,应该这么想,再一看他的书,发现他以前都说过。他人类学的理论基础确实是非常让人佩服的。

乔　玉:您后来做聚落考古研究,包括国家起源的研究,也都是受张光直先生的影响?

刘　莉:对,其实张先生也都做过这些。六七十年代美国开始流行聚落考古的时候,他是非常重要的理论家之一,有很重要的贡献。国家起源也是他研究的项目之一,所以我做中国考古学研究的角度和方法很多是受他的影响。

乔　玉:您在哈佛期间主要读了哪些方面的书和文章?主要是理论方面的吧?

刘　莉:当时就忙着考试,读的书都是和选修的课程相关的。但是在写论文的过程中必须阅读大量理论和方法方面的文献。对我影响比较大的是 Kent Flannery 写的一本中美洲聚落考古的书(*The Early Mesoamerican Village*)。这本书里就将聚落研究分家户、聚落和区域三层讨论,我的论文也是参照这个模式做的,我觉得这是比较成功的一个模式。后来我们在中国伊洛地区做考古调查、发掘也都跟当时的设想有关。

乔　玉:张光直先生当时对您这个论文有什么样的指导吗?

刘　莉：那个时候张先生看过我论文的每一章，也提出了很多意见，但是当时他的帕金森病症已经比较严重了。对我论文修改得非常详细、提供意见的主要是 Richard Meadow，他算是我的第二导师。他是一个非常认真的动物考古学家（因为我的论文也有动物考古的部分），他在其他方面的研究也很好，尤其是近东的农业起源。而且他对学生非常负责，每一个标点错误都会改，不允许多一个空格出来。我的第三导师是 Rosemary Joyce，她是做中美洲研究的，但是当时管的不是很多，主要还是 Richard Meadow 和张光直先生。

乔　玉：在哈佛大学学习期间，在和国外同学的交流过程中，您认为外国同学的学习思路和我们国内的学习思路有什么区别吗？

刘　莉：应该是有的，我觉得他们提出的很多问题我们都没有问过，而且他们视野比较广，思维更活跃一些，会跟其他的文化做一些比较。我们那时学很多课程，中美洲考古、北美考古、非洲考古等，这些内容虽然后来不见得用得上，但是在学习过程中可以了解到世界考古学中常常提到的一些问题，以及别人是如何回答的，这些问题对我们也是一种启发。从这个角度来说接触到更多世界考古的题目和内容，其实是挺有帮助的。

乔　玉：您在澳大利亚执教期间主要做了哪些研究？

刘　莉：在澳大利亚期间主要是和社科院考古所的陈星灿先生合作研究伊洛地区的聚落。这是一个比较大的项目，内容涉及面广，在伊洛地区主要是研究国家起源、复杂社会进程等问题。我现在主要做的是农业起源的问题，我觉得农业起源也是解决复杂社会发展的很关键的问题。

乔　玉：好像在澳大利亚期间，您的研究兴趣从中国早期国家

2004 年中澳伊洛考古队在河南调查嵩山石料分布区
（左起：刘莉，陈星灿，Arlene Rosen，John Web，Gyoung-Ah Lee，Anne Ford）

形成的总体性思考转向了对水牛起源、水稻起源、淀粉粒分析、石器微痕分析等非常具体的科技考古研究,为什么会发生这样的转变呢?

刘　莉:对。我觉得考古跟科技手段结合是一个趋势。我们以前在国内学考古的时候根本没有这些科技手段,动物考古、植物考古都没有听说过,但是在美国这些方面已经很普及了,在哈佛大学动物考古是都要学的。当时我的感觉就是如果考古研究不跟科技手段结合,有些结论很大程度上就是猜测,这个猜测有时不见得正确,而理论的建构如果建立在这种猜测的基础上,也不见得是正确的。我后来没有太做理论方面的研究,是觉得农业起源的理论如果没有实物资料、没有科学手段都是假设,只要有一个新的发现,过去的理论就有可能完全被推翻了,还不如踏踏实实地做一些科技考古方面的研究。所以我后来基本上就转向科技考古研究了。

乔　玉:现在科技考古已经成为一种潮流,在这种情况下,您认为做传统考古研究的学者应该怎么做呢?

刘　莉:我觉得传统考古也要与时俱进。如果在高校教学,这些科技手段都应该是必修课而不是选修课,所有的学生都应该掌握一些科技手段,是否精通是另外一回事,但是一定要知道基本流程,起码要知道标本怎么采集,怎么和专业的人员配合,哪些是重要的现象,看到这个现象要搜集什么样的标本等。我在斯坦福大学的每个学生都有一项专长。我在哈佛大学的时候,同学们也是每个人都有一项专长,这在美国就是一种普遍现象。

乔　玉:现在很多的学者在科技方面没有专长,科技考古兴起之后对他们传统的研究会不会有一些改变呢?

刘　莉:那就看他的年纪有多大,如果快退休了就算了;如果还很年轻，就要考虑学习了。我觉得这个不是很难学，我本身也不是科技考古出身，我也没有学过自然科学，化学、物理、植物学一概没有学过。我刚接触残留物分析、微痕分析时也是两眼一抹黑，我开始学的时候已经不年轻了，我都能做，为什么别人不能做？能考上大学的都是很聪明的。科技考古和考古学结合之后对以前的传统研究肯定有一定的推动作用，而且也会有冲击，就是否定过去一些传统的看法，还能完善现有结论——一些传统考古得不出的结论。

乔　玉：您能介绍一下您现在从事的淀粉粒研究的进展情况吗？

刘　莉：我刚在首师大给学生讲课就介绍了近几年的研究结果，对北方的农业起源、植物利用等问题做了比较全面的探索。近十年来我们一直在努力建立距今 23 000~3 000 年之间黄河流域和辽河流域的淀粉粒数据库，通过具体的分析可以看出有哪些植物被古人利用了；有些植物在淀粉粒中存在，为什么在发掘遗迹里却没有发现实物遗存；用什么手段可以进行互补研究。做大植物遗存很重要，但有局限。比如说块根植物，浮选标本中发现很少或者是发现出来往往不能鉴定，就要靠其他的手段。我现在做的这些微型植物遗存，就是想要开辟更多的渠道解决一些浮选方法解决不了的问题，或者是看到以前看不到的东西。增加一些科技手段，其实说起来还是有一点像做侦探一样，用一些新的技术手段来破案。我做的淀粉粒分析和石器微痕分析等其实解决的都是一个问题，就是农业起源问题。用不同的技术手段，尤其是可以互补的手段来解决同一个问题。

乔　玉：您关于水稻起源的研究在学术界激起了很多讨论，说明学界很重视这个问题，关于中国什么时候开始种植水稻现在有结论了吗？

刘　莉：关于水稻起源的问题现在有了新的研究，我后来没有再做这方面的研究，但其他的人还在做。当时我和蒋乐平在《古物》上报道上山遗址的文章（"New Evidence for the Origins of Sedentism and Rice Domestication in the Lower Yangzi River, China". *Antiquity* 2006（80）：1－7）中有一句话引起了争论"上山水稻可能已经处于早期栽培阶段"。但是这是非常泛泛的一句话，没有讨论是什么形态的早期栽培阶段。这篇文章非常短，并没有涉及对植物驯化或栽培这些概念的定义问题。但从现在新的证据看，上山时期的水稻有可能包括有人工干预栽培的因素。浙江省文物考古研究所有学者在继续研究，发现了上山时期有栽培稻形态的小穗轴，但是百分比没有办法测到，因为这是陶器里面的印痕，数量非常少。另外还有一些新的技术手段，如植硅体分析，也说明上山稻的生长过程应该是有人工干预的因素。

乔　玉：您觉得稻耕农业起源的标志是什么，就是水稻的种植吗？

刘　莉：那应该不能离开水稻的种植吧。水稻在驯化之前应该有很长时间已经被栽培了，但是它的形态还是野生的，这个过程应该有好几千年，如果把这也定义为种植的话，那么水稻种植的时代要比一万年早。这种情况有可能和近东地区小麦的栽培形式相似。我们知道，近东地区确定是栽培的小麦差不多是距今 10 500 年左右，相当于全新世初期。但是有人类干扰它的生长周期的因素实际上在这之前，这个过程称为栽培前的种植。所以说水稻也应该存在这个现象，这个早期的种植过程有多长，目前我们不清楚。两三千年还是更长，都有可能，如果把近东的例子拿来看，以色列的 Ohalo Ⅱ 大麦栽培最早的证据为距今 23 000 年，但是在这之后就中断了。过了一万多年之后另外一群人又开始尝试。所以谷物栽培过程可能会存在多个中心，可能会发生很多次。中国是不是有这种现象我们不清楚，但这些都是我们以后要研究的课题。

乔　玉：那您觉得农业起源应该如何定义呢？标志是什么？

刘　莉：这个大概每个人的定义都不一样，给这个名称的人的定义和其他人理解的也不一样，尤其农业产生是一个渐进的过程。关于农业的标志，布鲁斯·斯密斯有一篇文章写到农业起源，他认为，居民食物来源50%以上是种植的，那才能把它定为农业，但是这个50%怎么确定，用什么方法得知食物的来源50%是种植的，这就是考古学具体的问题了，我们每一个地区去回答这个问题都会面临不同的困难。但是人类干预植物的生长周期是从什么时候开始的，这个也许我们是可以利用多种分析方法来回答的。

乔　玉：就是说在稻作农业开始前会有一个漫长的栽培和驯化过程？

刘　莉：是的，但在这之前只能说是一种低水平的食物生产过程（low-level food production），已经有食物生产了，但是主要的来源还是野生的食物资源，所以还不能称之为农业。因为没有明确的标准和界线，很难去界定稻作农业的开始。其实我们可以把它看作是一个渐进的过程，如果我们能把这个渐进的过程复原出来就已经很不容易了。

乔　玉：您做的水牛起源的研究已经完成了吗？

刘　莉：这个项目也是我和陈星灿合作的，还没有做完。多年以前的结论说水牛不是中国本土驯化的，可能是从南亚地区引进的；中国土生土长的圣水牛属于野生动物，在驯化水牛出现之前就逐渐消失了。这个观点在 2006 年的《考古学报》上发表了(《中国家养水牛起源初探》)。在得出这个结论之后,我们一直想找到驯化水牛具体从哪来的? 在哪里驯化的? 如果是从中国以外的地区传入,从哪条道路传进来的? 这些问题我们到现在还没有解决。我们也一直在用各种手段,DNA 分析、传统考古学测量法等研究,分析的结果都跟 2006 年的差不多,我们想要确定传入的时间还是没有解决,没有到汉代以前,至少我们现在没有找到汉代以前的证据。现有的汉代的证据也不是从水牛骨骼遗存来的,而是来源于艺术品诸如汉墓中的耕牛陶模型、铜鼓上水牛的形状等。所有这些都不能给出非常明确的年代,而且也不能看得太清楚是哪一种牛,只是看着像水牛,但是到底跟哪一个地区的水牛更接近,是沼泽水牛还是江河水牛都不清楚,所以靠观察艺术品是不行的。现在我们还是要等,如果没有发掘出来的水牛骨骼,没有经过动物考古学的方法测量的或科技手段分析的明确的驯化特征,我们都不能做最后的结论。但是这个题目我们目前还在做,主要是和哈佛大学人类学系的 Richard Meadow 教授和 Ajita Patel 博士合作。

乔　玉:咱们说了这么多科技考古方面的,再谈谈您的两部著作吧,《中国新石器时代——迈向早期国家之路》和《古代中国考古学》都是对中国史前社会发展和早期国家形成的综述性著作,两部著作有什么区别呢?

刘　莉:两本书写作的目的是不同的。第一本书实际是在我的博士论文基础上修改而成的,所以主要着眼于新石器时代,以聚落研究为主。就像我前面说的,是分三个层次分析聚落的。但是我当时的论文涉及的范围比较窄,只涵盖黄河中下游地区,后来就把这个范围扩大了。并且有一个比较明确的指导理论,就是从聚落形态这一

2007 年在巩义博物馆提取铁生沟遗址出土磨盘的微痕标本

角度来阐释社会复杂化的进程。第二本书写的时候是为了写教材，为以后在国外教中国考古学的时候可以有一本英文教材。张光直先生的《古代中国考古》专业性太强，对国外学生入门中国考古是很难的，所以写这本书的时候就希望能够把它作为中国考古学的教材，涉及的内容比较广，从旧石器晚期的食物结构，和农业起源相关的问题，一直到商晚期。第二部内容虽然广泛但没有特别详细的分析，而第一本书里有非常详细的关于康家聚落、兽骨遗存等的分析。

乔　玉：在任职斯坦福大学之后您主要做了哪些方面的研究？

刘　莉：现在还是主要做科技考古方面的，有石器微痕分析、淀粉粒分析等，也包括实验考古等。我主要想了解一下石器功能的问题，地域不完全限制在中国北方，我们也做了一些南方的器物，比如犁形器，就是大型的三角形的大家称之为石犁的，我们做的微痕分析证明不是犁，有些可能是类似铲子的工具。还有"破土器"，以前认为是破土开沟用的器具，但经过我们的微痕分析后发现其实不是破土用的，可能是铡草用的铡刀。这两篇研究文章已经在《东南文化》上发表了（《新石器时代长江下游出土的三角形石器是石犁吗？——昆山遗址出土三角形石器微痕分析》《破土器、庖厨刀或铡草刀——长江下游新石器时代及早期青铜时代石器分析之二》）。这两种器物以前都认为是跟耕作水稻田有关系的，然而我们做的结果全都不是，但是大都跟植物有关系。

乔　玉：聚落方面的研究您现在还做吗？

刘　莉：这个近期没有做。

乔　玉：那伊洛项目也没有做了？您们在灰嘴遗址的工作也主要是石器方面的研究吧？

刘　莉：伊洛地区的调查我们做了一部分，其余部分社科院考古所二里头队都已经调查完了，这个项目基本可以说告一段落了。

后来我们已经把重点转到了灰嘴遗址的发掘了，我们想要了解灰嘴遗址作为石器制作中心的结构；还想要解决地区性的聚落问题，它跟其他遗址的关系，以及手工业生产专业化等问题。这也是社会复杂化进程里面非常重要的一个题目，现在到了最后的撰写报告阶段。我这次到中国来就是为了分析灰嘴遗址的石器，有一些意想不到的收获。我们原来考虑到灰嘴遗址的砂岩一定跟加工石器有关系，但通过对残留物及微痕迹的分析，发现不完全是，有一些是加工植物的，所以事情就复杂了，不是想象中的那么单纯。这也就证明我们传统的考古研究按照分型分式来判断石器的功能不是完全可靠的。

乔　玉：聚落演变和等级分化、早期国家对资源的获取和控制一直是您早期国家形成研究的侧重点，您的研究为什么从这两方面入手呢？

刘　莉：我和陈星灿开始做聚落形态研究的时候是从国家起源的思路开始的，就是从地域的层面观察社会复杂化进程和国家起源。那个时候大家往往都把注意力放在一些大的遗址上，比如说殷墟、二里头、郑州商城等，至于它们跟周边的二级中心和小遗址的关系，研究则很少。但现在不是这种情况了，聚落考古已经成为一项比较流行的课题，大家都看到了这一方法的重要性。

关于资源的控制，以前也说得比较少，大家都在看铜器，从铜器和遗址等级之间的区别来判断是王或王都等。但是铜器的原料从哪里来的？怎么获得的？又是怎么运输的？其实这一系列问题都应该跟王权有关系。我们当时做这个题目的时候还很少有人从这个角度

2006 年在灰嘴遗址发掘

做综合研究,所以那个时候也是一个比较新的题目。不光是铜,盐也是重要的资源,我跟陈星灿还到盐池去做过专门的调查,就是为了解决这个问题。铜和盐是中条山地区的重要资源,跟早期国家的形成有一定的关系。现在做这方面研究的人很多,比如山东有很多学者在做有关盐的研究,做铜资源研究的人也很多。后来的研究也证实了中条山中有二里头时期的采矿遗迹。但我们当时做的应该还是一种开创性的研究题目,现在的研究结果也能证实我们当时的思路确实是正确的。

后来的很多相关研究也证明了聚落考古和资源控制是研究早期国家形成非常有效的两个方法。

乔 玉:您现在对中国史前社会复杂化和早期国家的整体进程有什么样的思考呢?比如石峁的新发现、良渚水利设施的新发现等,这些新发现对理解中国文明起源有什么意义呢?

刘 莉:这个题目太大了,石峁的发现,还有最近在山西发现的很多规模比较大的城址,都非常重要。这是整个北方跟中原地区二里头遗址相平行的一个区域,至于它和中原地区的关系以及对中原地区早期国家形成过程中的影响,我现在还说不清。这可能是一个独立的区域性的复杂社会团体,也可能对中原地区有某些影响。这些研究都是才开始做的,还没有足够的资料能够建立起一个体系,但是我觉得这是一个新的研究方向,对以前我们认为的文明起源在中原的看法是一个挑战。这个挑战并不是说改变中华文明起源于中原地区的事实,因为夏、商、周文化的中心还是在这个地方,不能因为有了石峁就否认这一点。石峁揭示了一个国家形成进程中的多次尝试,不止一个地区有这种尝试,很多地区都有,有的成功了,有的没有成功。石峁应该是一个失败的例子,中原地区应该是一个成功的例

2007 年在浙江上山附近做田野调查

子,是什么原因造成了一个失败一个成功,这个是我们以后想要分析研究的题目。还有良渚遗址、红山遗址都是这种情况,这些都能帮助我们了解有多次尝试的复杂社会发展的进程。但是为什么他们都消失了,只有中原地区一直持续发展下来,这是非常重要并值得探讨的问题。也许有环境的因素,也许有社会因素。但这些并不影响我们过去得出来的许多结论,不是说周边有这些曾经发生的早期文明,中原地区的重要性和地位就减色了。

至于对理解中华文明起源的意义,情况更复杂一些。像周边消失的这些曾经闪烁的明星,如果用苏秉琦先生"满天星斗"的说法,它们就像流星一样划下去慢慢消失了。中原地区的这颗星没有消失一直闪烁到现在,我觉得是一个新的启发,我们对于整个中华文明的过程要有一个总体的分析,其中有成功的例子也有失败的例子。我们也要看那些失败的例子的发展过程到底是什么样的,它们是不是给成功的例子作出了某些贡献,它们之间的互相关系是什么,我们中原地区的文明是不是汇集了周边的一些因素,一定是有的,但汇集到什么程度,哪些因素被继承下来了,哪些没有被继承下来,这些应该是我们将来要注意的地方。

乔 玉:您主持了伊洛河流域的聚落调查,还曾参与过二里头是否为夏的讨论,以及二里头资源开发的研究,目前您对二里头文化的社会发展阶段有什么新的认识吗?

刘 莉:我想您的意思是说二里头文化是夏还是商的讨论,我的观点一直没有改变过。我说二里头文化就是说二里头文化,不说是夏也不说是商。至于它究竟是夏还是商,等我们有更多的证据再讨论,因为我觉得二里头文化能够研究的题目很多,我们没有必要把它局限在一个是夏还是商的框框里面,这个就会局限我们的思路,而且往往是没有什么结果的。公说公有理,婆说婆有理,你想把它归入哪一个朝代都能找出一些证据,但同时也会有另外一大堆的证据可以反驳你。

乔　玉: 这个讨论已经持续了很多年了,就现在来看,随着新的发现和新的研究成果的不断涌现,您对二里头的发展阶段有什么新的认识吗?

刘　莉: 我觉得二里头文化是一个早期国家的形态,对这一点的认识我并没有改变。至于它是不是一个朝代,那是另外一回事,我要把国家和朝代分开讨论。将其作为早期国家形态或者是早期的城市,从这个角度来讨论一些有关城市起源、国家起源的理论问题。这方面有很多的题目可以做,比如它是否具有中国特殊性? 如果是城市的话,那城市的功能是什么? 有没有商业? 很多以前的看法都认为早期的中国城市跟经济发展没有关系,它是政治中心、宗教中心,但不是经济中心。我觉得早期的中国城市不仅仅是政治中心、宗教中心,同时也是经济中心,只不过我们以前没有注意到它的经济功能表现在哪些方面。我们主要的注意力都在宫殿、铜器、玉器等方面,并把这些作为重要的核心内容。实际上,经济的功能应该是体现在其他方面的,比如说作坊遗址、手工业发展、物质交换等。这些方面我们不是没有研究,是研究得不够,而且没有放在一个比较大的理论框架内理解,所以这是我们应该要解决的。这就牵扯到中国早期城市发展进程的问题,以前有学者认为中国早期的城市是政治中心而不是人口聚集的经济中心,但是当年得出这个结论的时候考古资料并不是那么丰富,现在我们掌握的资料更多,也许应该重新评估一下早期城市的功能和性质。

乔　玉: 您现在在河南大学做讲座教授,主要教授考古学理论和食物考古这两门课,您觉得国内的学生应该加强哪方面的学习?

刘　莉: 我觉得开拓眼界很重要。如果有机会的话,多读一些国外的文章。但是这个牵扯到语言问题、阅读能力问题,找什么样的文章、应该怎么读也很重要。对一些理论方面的读本,你怎么能系统地掌握,而且能够跟中国的考古学结合起来等,这些方面的训练是应该加强的。美国因为有很多人类学的理论,这方面就得天独厚。我们在上学的时候起码有一两年在学基本的人类学理论,其中很多是跟考古学有关系的,考古学的问题都是从人类学理论延伸出来的。但是像这样的问题在中国就很少有人提出来,这当然跟中国的考古学研究方向有关系。传统上,中国的考古学实际是历史学的一部分,而不是人类学的一部分,要解决的是历史问题,补史料的不足,是一个重建民族史的问题,是为了我们中华民族的历史这个大的目标。以人类学为基础的考古学是为了恢复古代人类的行为,而以历史学为背景的考古是为了恢复历史进程,尤其是国家的国史。所以两者的区别在中国考古学一开始建立就存在,一直到现在也没能完全超出这个范围。

乔　玉: 虽然您一直在国外教学,实际上一直在做中国考古学的研究,您能谈谈对中国考古学未来发展的展望吗?

刘　莉: 我觉得现在中国考古学发展得很蓬勃,可以说是轰轰烈烈。尤其在网上每天都能看到新的动态、新的发现,很是振奋。中国地大物博,从事考古学研究的人也很多,势力很大,在国际上已经不能小视了。这和我几十年前刚开始学考古的时候大相径庭,我在西北大学学习的时候全国有 12 所学校有考古专业,现在有多少已经说不清楚了,发展很迅猛。而且最近十几年国内有很多新的发现,发掘的遗址从国内扩展到国外,这是一个新的发展趋势,这也是中国经济发展之后各方面都走向世界的一个总趋势,我觉得这是非常健康的发展趋势。但是我认为还是应该加强一些理论方面的探索,主要的比较有名的大学应该建立考古学理论方面的研究。对于古人留下的遗迹,如何阐述,如何上升到一种新的理论,一种被世界学术界承认的理论,这很重要。现在国际交流越来越多了,这些活动也可以帮助进一步促进中国考古学的发展。

乔 玉:非常感谢您能在百忙之中接受中国考古网的访谈。

(原文于 2016 年 1 月 1 日发表于中国考古网,经作者修订。)

罗

泰

2007 年考察印第安人查科峡谷

简　介

罗泰(Lothar von Falkenhausen)，美国加州大学洛杉矶分校扣岑考古研究所及艺术史系教授。从事中国考古学研究的国际著名学者，出生于德国，曾先后求学于德国波恩大学、美国哈佛大学、北京大学、日本京都大学。1988 年毕业于哈佛大学人类学系，获博士学位，师从张光直先生。毕业后任教于斯坦福大学和加州大学河滨分校。1993 年起至今，任教于加州大学洛杉矶分校。2010 年荣获"美国人文艺术科学院院士"称号。

学术专长：研究领域为东亚考古，主要研究方向为中国青铜时代考古。研究范围涉及古代中国青铜器与铜器铭文、礼仪制度、区域文化、跨地区长距离互动以及考古学方法论和艺术史等。

先后出版《乐悬：编钟和中国青铜时代文化》、《宗子维城：从考古材料的角度看公元前 1000 至前 250 年的中国社会》等多部专著，发表学术论文百余篇。其中，《宗子维城：从考古材料的角度看公元前 1000 至前 250 年的中国社会》一书荣获"美国考古学会（SAA）2009 年度最佳图书奖"，这是首次获此殊荣的中国考古学研究专著。罗泰为推动中美考古学界的研究与合作作出了重要贡献，作为北京大学和加州大学合作考古项目的美方合作指导者之一，指导了长江流域古代制盐遗址的发掘工作，同时也是《东亚考古》杂志的创始编委之一。

他山之石，可以攻玉

——罗泰先生访谈录

采访者：李宏飞

在罗泰先生访问中国期间，中国考古网有幸对罗泰先生进行了专访。

李宏飞：您的研究涉及考古学、艺术史等诸多领域，您是如何定位自己的？

罗　泰：其实张光直先生早就说了，研究古代中国的人，不能因为自己的研究方向、学术背景就不关心其他跟中国有关的学问，尤其不能说我是研究美术考古的所以不用学中文，以前西方还有蛮多这样的人。不能分得那么细。我现在在北大给学生讲课，也没法把上课讨论的范围限定在所谓的考古范围内，经常就会牵扯到邻近的学科，这是理所当然的，也是很健康的。当然有一些研究方法是考古学独有的，和别的学科不太一样。说分型分类只有考古学运用不对，因为类似的做法，其他任何一个做学术工作的人在自己的领域里面也会应用。地层学也不是考古学独有的，地质学也用。所以不能从这个观点来制定考古学的视野。比较笼统地说，考古学是关心物质文化的，但是只有这个还不行，因为美术史也关心物质文化，而且两者都是根据物质文化来"书写"历史的，所以这还要加一些其他的限定。应该说考古学是一门社会科学，是关心大的社会文化体系和跟经济学有关的话题，与美术史这样的人文科学的主流还是有一些区别的。你说我关心考古学和艺术史也不完全正确，我关心考古，只是一直在艺术史系里面工作，这是我的工作。当时没有找到一个人类学系愿意雇我去做以人类学为本的考古学，所以我只好进入艺术史系，但是我并不是做传统意义的美术史的。我之所以能够这样做，是因为这些不同学科之间的分界线不清楚，而且也不应该清楚。我的考古学研究跟美术史研究并没有什么矛盾，而且为美术史研究提供了一部分更丰富的理解。所以我还是要强调，我是研究考古学的，并不是研究美术史的。当然我们研究中国古代的文明，作为外国学者，毕竟也是汉学家，从国外的立场研究中国文化的整体要学汉语、古文字等，这个当然超出考古学的范围。我也发现中国的学者们其实也完全不习惯把他们的工作限定在一定范围之内，而且在我的印象中，很大一部分学者尽管说自己是考古学家，但是我们看他们的学术著作就会发现，可以归入传统考古的工作非常少，大部分还是考古学之外的内容。如果按张光直先生说的那个道理来看，也没有什么问题，反而是应该有所期待的。

李宏飞：我们知道，考古学在美国被放置于人类学之下，中国考古学则在传统上归属于历史学。近年来，中国考古学界也有一种将考古学脱离出历史学研究范畴而成为一门独立学科的呼声。您认为考古学（特别是中国考古学）的研究目的究竟是什么？研究古代社会是考古学的最终目标吗？

罗　泰：这种问题提得最激烈的人往往是想从研究考古学实际问题中逃避出来的人，这些问题好像都没有多少意思。你碰到一些

罗泰先生油画(by Juan Bastos)

学术材料,只要你有相当的学术训练的话,你应该能够发现这批材料所反映的学术问题,当然可以根据这些问题发展你的研究方法,一般实际的研究项目里面所用的方法往往是综合各种学术传统的,这也是理所当然的。现在美国式的人类学考古的研究传统中,考古学家最关心的就是广义的古代社会,包括社会文化和经济生活,通过物质文化研究这样的问题。这是因为人类学本身是研究这些问题的学问,是一门社会科学。但是人类学以外,在美国还有研究考古的人,像艺术史系里面,他们就不一定把社会研究放在焦点里面。大学里面搞希腊罗马文明、埃及文明和两河流域文明的有各个系,这些系里面既有研究文献的,又有研究考古的。考古的主要功能在于处理非文字文化的遗迹,然后用各种各样的适合于这种遗迹的方法去研究它,包括跟有文字历史的研究方法结合在一起。我主张考古学的最终目标是研究历史,美国人类学界会有人不同意,我还大胆地写过这个观点,人类学考古学会还是得给这本书评奖,所以现在看来也不是一个完全不像话的观点。

说考古学跟历史学有很大区别的人,不但误会考古学的本性,而且误解历史学。历史学并不是像很多人认为的是很狭窄的东西,尤其是从 20 世纪初期法国年鉴学派兴盛以来,已经不能说历史学只研究文字资料,更不能说历史学只是研究伟大人物、研究具体历史事件的一门学科。当然历史学中有历史学家集中研究这些问题,上述的这些都属于历史学所研究的范畴,而且考古学的确不太具备研究这种问题的可能性。可是历史学家研究的其他问题和考古学家研究的问题还是有相当一部分是重叠的,而且在重叠的部分,考古学和历史学的工作基本上是一致的,或者可以互相取长补短。甚至考古学里研究的一般是历史学家不会特别感兴趣的问题,也可以从考古学的

2006 年 1 月在加州大学洛杉矶分校做学术讲座

角度给历史学界提供新的材料,刺激历史学界把视野放得更宽一些。所以中国把考古学置于历史学之下,不但符合中国的国情,而且其实也跟西方的研究传统不完全矛盾。美国的人类学式的考古学并不代表整个西方考古学,主要是在美国有这个传统,现在这个传统还延伸到中国台湾地区以及第三世界的几个国家,英国也有这种倾向。但研究古代文明的考古学家,虽然受到这种社会人类学以及人类学考古的各方面的影响,他们最基本的地盘还是历史学的。

李宏飞：近年来,科学技术手段在中国考古学研究中的应用日益增多,许多原先从事传统考古学研究的学生也转向学习和从事科技考古。您如何看待中国考古学中科技考古的发展趋势？您又如何看待科技考古与传统考古在发展上的脱节现象？

罗　泰：发掘工作很辛苦,也很破费。能做考古发掘是很难得的机会,不应该浪费任何的材料。考古学的所有材料,尤其是用科学方法发掘出来的材料,是非常珍贵的。我们现在研究考古遗存、古代历史,还不清楚的问题有这么多,我们完全没有资格浪费任何材料。现代科学给我们提供了各种很宝贵的新的手段,来研究我们以往没有办法好好利用的考古材料。非常可惜的是,以前的很多考古学家没有往这个方向去想,所以在处理材料的时候并没有考虑到他们当时没有条件研究的各种材料,像土壤、人骨、动物骨骼以及各种浮选标本,将来会有人从那些材料中得出很宝贵的新的认识。这些考古学家（全世界都是这样）,任意浪费和毁坏了很多材料。现在我们的知识体系不一样了,可以把很多发掘材料很有效地利用起来,不然我们就做不好考古工作。

利用考古材料来研究各种各样的问题,尽量采取多学科研究,这也是张光直先生在自己的田野工作中树立起的一个典范。这当然不是一个人就能够做到的,张光直先生不懂科技考古,但是会用研究结果。他不会自己进行这方面的研究,就带这方面最好的专家跟他一起下田野,收集这些材料各自做分析。还有一个很重要的阶段,就是各方面的专家应该互相沟通,互相理解研究结果的可信性、范围还有含义。作为一个领队,他应该充分利用各种技术手段得出的结论来研究考古学上的问题。这一点目前还不是很理想,也许大家没有时间或没有机会,或者搞技术研究的考古学家不下田野,只等人家把材料带到他们的实验室,做一些他们能做的工作。他们并不知道项目背后研究什么学术问题,得出的结果也不能整合进整个研究项目里。这一点将来还有可以改善的地方,而且现在已经能够看出这方面的一些进步。

当然有一个反面,就是说现在这么多的年轻人愿意做科技考古,是不是造成他们不关心考古学跟历史学相关的这一部分。如果是这样,就是一个大问题,因为我们搞考古的人最基本的要求是要踏实和扎实,就是很多东西都要懂。现在我看有一些搞所谓科技考古的人变成了一种考古工程师,机械性地做他们的工作,不问跟历史和考古发现的关系是什么。我们搞考古学教育的人要非常注意,应该尽量培养不仅能够专门做科技考古,而且又重视文化方面知识的新的一代学者。这是将来做得到的。现在这种倾向也许就反映着整个学术界的整体倾向,好像现在中学生的自然科学学得非常好,很多中国中学毕业生的水平已经是美国大学二三年级学生的水准。中国在这方面的教育很强,而历史、古汉语尤其是古文字方面的知识背景却越来越弱,所以他们也比较适合做科技考古。但是在大学里面,研究考古的人应该尽最大力量把古文献这方面的基础打好,否则做不了很有价值的学术建构。

2013 年 5 月李零先生来访(洛杉矶寓所)

李宏飞：张光直先生曾批评中国考古学缺乏理论，现在的一些年轻学生也为论文选题或开展研究时的理论指导问题而困惑，有的人回避或反感理论探讨，有的人对于西方的考古学理论运用生硬，或迷信国外的理论。您如何看待考古学理论在中国考古学研究实际操作中的作用？

罗　泰：在任何一个学术问题当中，如果你能通过研究材料发现问题，那么这种研究就是比较有效、比较合适的。这方面没有中西之别。现在大家都错误地认为，方法论是西方的东西。张光直先生从来没有说中国考古学没有方法，他说其实中国考古学有两种方法：一个是马克思主义，一个是傅斯年的那套资料主义，强调资料，轻视较宏观的分析。这两者中，当然马克思主义理论有马克思主义理论的好处，资料主义也有资料主义的好处，就是要强迫大家先仔细地看资料。但是所谓资料主义的这些人，说他们没有别的理论也是不对的。理论总是有的，只不过有的时候他们对自己采取的这种研究方式背后的思想、构造不够清楚。所以不应该这么害怕理论，而且理论也是避不开的，即便是罗列材料目次的学术研究，在这个目次背后也是有理论的。张光直先生以及包括我在内的很多学者，主张做研究的时候要清楚自己思路的根据，最好先把自己想法的前提说出来，然后在分析研究的过程中尽量克服自己的偏见，或者对自己的方法论经常做调整，要随时审视自己的思维方式是不是合理，当前的资料是不是刚好反驳这样的思维方式，这是一个很微妙的过程。质量比较好的、优秀的学术研究，不论是中国的还是西方的，都一直是根据这样一种模式进行的。

李宏飞：前面提到的问题还是说从材料本身出发，考虑材料本身适合用什么样的研究方法？

罗　泰：是的,我们研究考古的人就是研究具体的材料,这也是考古研究的一个优点、一个特点。纯粹的哲学就没有这个福气,他们要把自己研究的范畴做出来。我们有研究的对象,一般的社会科学和人文科学都有,所以,这是一个优点,我们不要浪费。而且在实际情况下,我们往往是碰到问题就要找出一套合适的方法来把它研究出来,并不是我们自己从零开始,到田野里去找资料,把我们脑海中的问题研究出来。如果可以这样的话,当然很好,但是一般情况下并没有这样一个机会。而且即使你可以完全自由地选择一个地点来研究你已经在想的一个理论问题,你选的这个地点,也是你根据某种线索认为它能够提供这方面研究的材料,而且你在发掘之前也不可能知道会不会有预期的收获。如果只是根据你原来的研究方向进行发掘工作,那是很危险的事情,你可能会误解、忘记或者丢掉很多刚好原来没有预料到但也很重要的一些东西。你头脑里研究的问题,在发掘的过程中应该反复进行提问,在提问的过程中再调整一下,重新再问,再问的过程当中,这些问题也在改变,可能会有新的、更好的问题出来,这是正确的、科学的手段。我知道所谓的新考古学,就是过程考古学派里的一些人,他们认为只要有一些研究体系,在研究体系里提出一些问题,就可以随便来找他们需要的材料,跟他们不相关的材料可以放到一边。他们认为这无所谓,反正考古的遗迹很多,将来会有人做其他的分析。我认为,首先这是一个很不负责任的态度,其次这也是不可能做得到的。因为那样的话,你就不用做发掘,你如果已经提前知道它会再发现一些什么东西的话,就用不着花那么多钱、时间和精力,可以直接写一个考古哲学的文章。不过如果你看这些所谓的过程学派的比较好的研究成果,他们并不是真的这样做,只不过在他们的头脑中有一定的前提,这个也不错,我们可以学习。然后

2011 年在德国埃朗根大学做学术演讲

就是在研究的过程当中,试图注意到和这些发现有关的材料,他们并不会把自己的探索限制在里面。

李宏飞:您在北京大学的授课受到了在京高校考古学及艺术史专业同学的热烈欢迎。能不能谈谈您在华授课的心得与体会?您如何评价您的这些中国学生?

罗　泰:我是三十三年前到北大留学过的。从此以后,几乎每年都到北大来,至少访问一下、看一下,所以跟北大的关系应该算是比较密切的,而且我也自认为是北大的校友,对北大的印象一直非常好。尽管现在有一些老师已经不在了,但是他们的传统还在,可以说一句,北大学生的质量并没有下降。我那个时候比较特殊(七七、七八级),是整个北大历史中最难进入北大的两个年级,因为当时高考刚刚恢复,在"文革"时没法上大学的人都急着要进来,那个时候的学生当然比较优秀。总的来说,现在还是很明显,能够上北大的学生是特别聪明、特别优秀的,而且也是比较会学习的。现在正式选我这门课的只有十一个学生,我让他们在一个学期的时间中做四次作业,他们做得很认真。我还安排了一些时间让他们介绍自己的研究,做得也相当好。这些学生不但很有想法,而且其中有几个口才很好,很会把自己的意见说出来,相当一部分很愿意讨论,愿意互相提问,也会提出批评意见。我发现之后就有一点吃惊,因为有的时候,老先生多的情况下,学生们好像不敢开口,但他们敢在我面前这样子做,在这个环境里面我非常高兴,而且也比较舒服。同时也使我明白,有的环境下跟年轻的同行交流可能不是很理想。所以我将来也要采取措施,看能不能鼓励大家创造一个更自由的谈论空间,北大应该具备这样的一种机会,北大有这样的传统。学生们有这个能力,也很享受这种自由的谈话,提各种问题,做很有创造性的研究,发扬自己的学术立场,甚至发扬自己的学术人格。北大不是清华,清华的学生好像有点规规矩矩的,基本上像一个军队一样,每个人都一样,尽量不强调互相之间的区别。北大好像历来都对这种区别比较宽容,给学生比较大的空间发展自己的兴趣。在这方面,北大就类似于我待过的其他国家的大学,像德国、美国、日本的大学。

当然学校里面还是有一种封建主义的倾向,这点我觉得三十三年前我在北大的时候没有。当时不可能有低年级的学生说起高年级的学生,称呼某某学兄、学姐,他们就会直接说名字;而且称呼他们的老师也不会每次都要说某某先生、某某教授,只是说名字而已。可能是因为当时"文革"之后,这种传统的敬语的表达大大地减少了,是不是后来有一些其实应该属于旧社会的、不一定是很好的习惯又回来了? 我还发现当我碰到研究生的时候,我问他的名字时他不说自己的名字,他说我是某某老师的研究生,好像要问他三次,他才会轻轻地、很不自在地把自己的名字说出来。这在三十三年前是想象不到的。可能当时在"文革"之后对老师尊敬得太少,但是,现在这种关系又向另外一个极端发展了。这好像是辩证法的一种例证。那学生终于讲出他的名字之后,我问他对什么东西感兴趣,他会说:"啊! 某某老师让我研究某某题目。"我就说你自己觉得这个题目好吗? 他会说:"啊! 我的老师让我研究这个。"这当然是很好,可是这怎么行! 所以,我看到了这样的学生后,觉得跟三十三年前的情况很不一样。现在有一些学生,在这种情况说这种话的时候,就是不够自信,不够大胆。但是这次在北大上课的时候,这样的学生在课堂上又表现得非常好。所以,是不是不说自己的名字、不说自己感兴趣的题目是什么的这种学生只是一个表面现象,其实他内在还是有想法的? 我希望是这样子。如果去美国的话,这样肯定不行,如果问他对什么感兴趣,他说老师怎么怎么样,绝对是不行的。

李宏飞:开设考古专业的中国高校正在迅速增多,在这种情况下,您对于保障和提高中国考古专业学生的教育质量有何意见?可否结合您的个人经验谈谈您眼中的中国高校考古专业教学(包括本科生和研究生)的长处和短处?

罗 泰:这个我不懂,我只知道北大,北大考古四年本科生的训练,还有硕士生、博士生期间的训练都是非常合理的。如果你看严文明先生最近出的一个回忆录,里面有一篇纪念苏秉琦先生的文章,详细讨论他们怎么通过好几个阶段把现在的这种培训过程做出来。现在确实非常好,其实我们西方还做不到,尤其像北大这样把田野学习和在校学习整合起来,我们那(美国)还差这个,这是我非常佩服的。别的学校不知道他们怎么做,好像吉林大学和北大大同小异,别的学校应该也差不多,可能北大的这个做法现在变成了教育部的一个范例。当然,有这么一个体系,有这么一种课程的安排是一回事,能不能实现,那就要看有什么样的老师,所以北大一个很强的优势就在于它历来都是聘最好的老师,在专业方面最好、在教育方面也是最负责任的老师,能够把这套教育实现得非常好。别的学校,吉林大学当然也做得非常好。我最近去了武汉,看样子武汉大学也很好,尽管范围比较小,但是北大做的所有这些他们也差不多在做。南京大学、山东大学、西北大学都是这样,都有自己研究的地区考古,有一些特点。总的来说,现在考古课程的设计质量没有问题,将来大概会出现一种新的需要,就是把我们刚才说的科技考古这方面的经验和知识更紧密地包括到学习过程里面。这个怎么做我也不知道,是不是还要加一年的学习?这是不现实的。还是要切掉一部分其他的东西而把这个加进去?是不是现在还有一些东西将来可以不那么强调,而是更

2013 年 8 月考察陕北石峁古城遗址

加强调和科技考古有关的一些方面？这个我不知道，将来要专家们好好地讨论。但是我当然主张，不是专门搞科技考古的人员至少也应该对这方面有基础的了解。

还有一些问题在这个地方也不得不说一下，一方面是如何保证这么多的考古学培训项目所培养出的学生都能得到相当的、像样的机会，让他们在参加工作以后继续走考古这条路，也就是让这些学生不要改行，现在看来大部分学生都改行了。另一方面，我最近跑过几次野外，看到很多省、市做考古发掘的人员，并不是考古专业出身的，很多是师范学院出身的，然后进入考古所做考古工作，可能后来参加一个培训班之类的，这样的情况非常多。其实中国很需要考古学家，但是很多学考古专业的人又不进入考古这一行，是不是有一种错觉，有一种不对劲儿的地方？怎么能够吸引愿意做这方面工作的人学习这方面的知识，学了以后参加这方面的工作，并且找到一个合适的单位？一方面学生们可能要把他们的目标稍微改变一下，现在很多学生，尤其是在北京读书的学生，都想留在北京。其实做考古，很多重要的工作机会并不在北京，他们应该有思想准备到各个地方去。还有一方面，很多年轻的学者好像有一个比较不现实的态度，要么一开始让他做大领导，要么他就不干，非常决绝。这种想法不仅年轻的学者有，年纪大的学者也有。非常奇怪，这种心理状态在西方还不是那么多见，我发现在中国却非常普遍。单位当中做上司的人有责任来解决一下，可以创造一些工作条件，让负责具体事务的人对自己的工作有一种满足感，不要有这种不现实的期望，可以好好做自己的工作，并能够感觉到工作的快乐。具备创造工作条件的领导一定要做两件事情：现在经费已经不是那么大的问题了，很多单位里参加考古的人员，甚至也包括很多市级单位的，好像可以挣还不错的工资，也许在这方面还可以做得更好；可是更大的问题可能在于工作安排上，给这些地方上做考古工作的人一个机会，做完他们的研究工作，然后出著作、出报告。这样能够直接达到考古学工作的目标，把资料和研究结果公布给学术界。

　　还有一个将来一定要注意解决的问题，现在已经很明显。不只是在北大，其他的学校也是这样，考古学科和很多其他人文科学一样，男生的比例越来越小，女生的比例越来越大。但是工作单位好像对女生有严重的偏见，大学花了很多精力培养出来的女学生，尽管她们有工作精神，但她们完全没有机会得到工作。这一点，有一些态度必须要改变，应该想办法，给那些想做考古的女性学者跟男性学者一样多的机会，而且不要怀疑她将来生完孩子后会留在家里。当然，一旦女性考古学者从事了考古工作，就不能用孩子做借口，长久不做田野工作。她要想办法，或者雇一个阿姨，或者看看老人能不能帮忙，不然就采取别的办法。对女性考古学家的传统态度恐怕要有所改变，要尽量给她们开辟一个好的工作领域。这种发展状况在其他国家、地区，比如美国、欧洲等，也早就发生过，现在我们已经在这些地方看到，以女性为主或者至少女性占一半的这种考古学仍然可以运行。

　　李宏飞：您第一次上课时说，一个国家，女性考古学家占的比例越大，考古学受到的尊重程度就会越低？

　　罗　泰：这是瑞典做的一个研究，我对这个还不完全了解，不知道是不是这么简单的关系。还有一个问题，最近人文科学本身在社会上的地位、受到的尊重程度降低了，因为知识分子越来越多，上过大学的人在社会上的比例越来越大，所以当然不像以前那么特别、那么高贵。是不是仅仅考古是这个情况，还值得商榷。而且即使这个研究是正确的,即如果让更多的女性参加考古就会引起整个社会对考古的尊敬程度减少,那还是不能以此来排除女性考古学家,从基本道德上是不可行的。

李宏飞: 中国经济的高速发展带来了大量配合基础建设的考古发掘,一些考古工作者为了在既定期限内完成发掘任务而牺牲了考古发掘的质量,在抢救性发掘的同时,实际上也造成了难以挽回的破坏。您能否结合西方的经验谈谈该如何更好地提高中国基建发掘的质量?

罗　泰: 这个没有什么秘密武器,只是在做计划的时候安排更多的时间,可能也要安排更多的经费做这个工作,实际有这种配合基本建设的考古工作做得非常好的事例,比如说德国科伦博温那一带有软煤,就是从地面上挖出来的煤炭。这几十年来一直有考古学家在这些煤矿上的推土机前面做事情,得到全面的材料,这是一种工作方式。当然这种研究者过的日子,跟传统考古学家尤其是在研究机构或者大学里的人过的日子是不一样的。但是这是能够做的事情,是一种组织工作的问题,具体他们怎么组织,我也没有研究过,我只知道是可以做的,而且中国的很多考古学家也到德国看过。英国也有,英国北部有一个工作制度,考古学家做完之前,推土机还不可以来,但是考古学家也必须在一定的时间之内做完。现在这个方法也足以保证在一定时间里面做完,他们的时间也够。这是组织方法的一个具体问题,是可以解决的。

李宏飞: 考古大遗址公园的兴建和运作近年来在中国骤然升温。您对中国各地大量上马的考古遗址公园建设作何评价?西方是否有较为成功的可供中国同行借鉴的案例?

罗　泰: 这是一个大问题。一方面我们当然需要,考古遗迹不能只放在那里,应该展示给大众看,而且应该给大众解释,让他们珍惜这个东西,要打好群众基础,这是考古学家的责任,也是政府的责任。所以原则上建设遗址公园是一件好事情,早就应该做。但是有一个问题,现在我们看到的一些遗址公园,使原有的遗址遭到破坏,做不伦不类的复原,这是悲剧的事情。唐长安城在这方面特别悲惨。当然中国的遗址也有特别的难题,因为木构建筑不能留下多少痕迹,保存下来也比较困难。像唐长安城,他们认为现在这些遗址公园可以让人体会到进入唐朝的感觉,但是给人感觉都是假的,不符合学术的理解,都加了中亚的、现代的东西,而且不能充分地融入进去。现在大遗址保护的意图也不应该是让它变得和古代的状况一样,遗址保护的意图应该是保存它的遗迹,给参观的人一种途径,让他能够想象原来的样子,想象是一个很健康的事情,让人家自己动脑。你如果都给做出来,也许是不正确的,还妨碍观众的正确思路。所以目前我看到的中国的大遗址保护项目还没有比较成功的。日本当然很多,像奈良的平城宫,是一个很好的例子。它不完全是复原,而是在原来的遗址上用很微妙的方式来表达一下大概可以看到什么,然后在旁边修一个类似博物馆的建筑,他们称作"资料馆",那里面有模型,有很多的信息,还充分利用了新媒体,通过这些材料,让大家比较具体地感受这个地方。在遗址保护方面,日本人做得非常好,而且他们还有各种各样的方法。有一些遗迹日本也是全部复原了(当然不在原来的遗址上),如果是在原来的遗迹上,他们会特别小心,不破坏原来的遗迹,后来加的东西也可以一下子挪掉。或者有一些研究,让它变成一个提供思考的地方,参观者进的时候会发一个比较小的图册或者地图,上面写着这里原来是什么样的,让大家自己想象。这没有一个特别准确的思想或方法,古遗址对不同的人来说很可能有不同的内涵,如果复原得太具体的话,就限制了观众的思考。

李宏飞:您曾经说过,中国学者承认二里头是夏,是因为要保持"政治正确性",刘莉教授对此进行了调查,提出了不同意见,您现在是如何看待这个问题的?

罗　泰:这里有几重误会。一是我自己的理解稍有偏差,刘莉的书里面写的内容,并没有说第一个国家就是夏,她只是说二里头是第一个国家,但是这种提法,很容易让人认为第一个国家就是夏。我当时直接说刘莉通过史前的考古材料就想证明夏朝的存在。后来我们交流之后,我明白我理解的不完全是她原来的意图。她希望我写一个自我批评,当时我觉得,我看她的书看得非常仔细,像我这样仔细的读者能够得到这么一个错误的理解,那也是她的书的问题,所以我拒绝自我批评,认为用不着针对这件事专门写出一个东西。尤其我对刘莉那本书的基本评论还是很不错的,我觉得这是很重要的一本书,写得也很好。后来她做出刚才你说的这个措施,但是这里面又加了另外一重误会。她在调查里面并没有将我的观点反映得很全面,加上她问的这些问题有倾向性,所以结果也比较奇怪。在这之后,我觉得没有必要反应,我是刘莉的同学,我们关系非常好,这件事之后我们的关系也非常好。如果我像很多中国同行的心理一样,大概现在跟刘莉有所谓的矛盾,可能一辈子也缓和不了了。完全不是这样子,我仍然很尊敬刘莉,而且我们经常有来往,尤其她最近来了我们加利福尼亚大学做教授,其实这里面我也起了作用,她被斯坦福聘请跟我也有直接的关系。这在学术史上不应该是什么太重要或者太奇怪的事情。

李宏飞:是不是有人对夏有一种民族感情在里面,而不是单纯从学术角度去讨论?

2015 年在上海第二届世界考古论坛做演讲

罗　泰：中国学术界有人是这样的态度，而且刘莉的书也提到过，尽管她不是这样谈的，但是会被人家认为是在巩固这个观点。她后来看了二里头新的 AMS 碳十四年代后就紧张了。现在看来，二里头也许在年代上并不属于传统上夏的范围，刘莉知道后很高兴自己没有直接这样说过，我也很高兴她没有直接这样说过。刘莉做学术工作很认真，她对人类学的研究方法很内行，也尽量地把她的研究方法应用在新石器时代考古学中。这方面，她刚好一直在做张光直先生希望我们做的事情。而且，我这些年不是那么直接地根据张光直先生的愿望进行我的学术工作，所以在这方面我对不起张先生，我应该更加欣赏刘莉的学术观点和做法。当然我并不觉得我自己做得不对，或者说没有价值。一个人不能什么都做，而且现在这个时代已经没有像张光直先生这样，能够做不同的事情，同时还能做得这么好的一个人。现在时代已经改变了，好在张光直先生不同的学生，像刘莉、慕容杰，从事不同的研究方向，传承张光直先生的态度和思想，我们应该互相珍惜和欣赏。

李宏飞：谢谢您抽出宝贵时间接受中国考古网的采访！

（原文于 2013 年 8 月 25 日发表于中国考古网，经作者修订。）

赵辉

参观浙江茅山良渚遗址

简 介

赵辉,男,1953 年生,北京人。1969 年"上山下乡"到黑龙江生产建设兵团,辗转至 1978 年返回北京。1979 年进入北京大学历史系考古专业学习,1983 年本科毕业,1986 年硕士研究生毕业,毕业后留校任教至今。2007~2014 年任北京大学考古文博学院院长。现任北京大学考古文博学院教授、博士生导师,中国考古学会副理事长,新石器考古专业委员会主任。

学术专长:长期从事中国新石器时代考古、田野考古学的实践、研究和教学。

科技部科技支撑项目"中华文明探源工程"首席专家。主持国家文物局《田野考古工作规程》的修订,被国家文物局颁发为国内业界的田野操作规程。先后主持多个重大考古研究项目,包括教育部人文社会科学研究规划基金重大课题"聚落演变与早期文明"、科技部重点研究课题"中华文明探源过程之预研究·豫西晋南地区龙山至二里头时期考古学文化的谱系与分期"、中日合作"良渚文化植物考古学研究"等项目。代表性著作有《中华文明史(第一卷)》(合著)等。

问 学 之 路

——赵辉先生访谈录

采访者：李新伟

一、入　门

李新伟：您好，首先感谢您能在百忙之中接受中国考古网的采访！能说说您报考北大考古系的过程吗？您当初为什么选择考古专业呢？

赵　辉：当年高考后填写志愿，我就报了一个学校两个专业，学校是北大，第一专业是考古，第二个是什么我忘了，这有点好笑，可见我是一门心思念考古的。并不是有多大自信，我高考那年，赶上北京的政策是先公布考试分数，再填报志愿的。拿到分数后，我觉得填一个就够了，两个是为了保险，结果被第一志愿录取了。至于为什么报考古专业呢？其实那时候不懂考古，但是在报志愿的时候，先天条件已经限制住了，只能学文科，又不太想学法律、经济之类，就报了考古。1966 年，我小学毕业，正好赶上"文化大革命"，小学升初中的考试停止了。我们大概在街上玩了一年半，还剩一年多的时间，就把我们就近分配到附近的中学。我家住在南锣鼓巷，被分配到地安门中学。现在这个中学已经撤销了，原来在地安门十字大街东北边的一个胡同里边。地安门中学好像是北京的第一个中学，差不多有一百多年的历史了。虽然赶不上四中、五中,学校还是不错的。但我们什么也没学,当时"复课闹革命",我们在学校里面天天念报纸。最高指示一下来,马上就游行去。从地安门出发,到景山,到天安门,再一气儿回来。然后就"上山下乡"了,直到1978年从农村返城,1979年参加高考。

1979年6月高考。刚才说到,我没有接受过中学教育,凭自己看了点书,数理化不行,没法报理工科,只好报个文科,但当时又不想学法律、经济这样的专业。经济还好一点,尤其是法律、政治这样的学科,我不想学。这个有些原因,就是我父亲老早被划成了"右派",家里边总和别人不一样,所以本能上就回避这些与时政关系密切的东西。那么剩下的专业就不多了。要是学世界史,外文没学过;学古代史、中国史,又没背过书。就这么个底子,要学什么呢?学考古吧。选考古还有两个原因。一是恢复高考那些年和现在不太一样,北大文科最好、录取分最高的是文史哲,不是政经法,考古在历史系内,对这样的专业,心向往之。还有一个原因是恰好我家同院有位老先生,是中央民族大学中文系的教授,当时叫中央民族学院,他做得一手好的古文,写一笔好的毛笔字,英文也非常好,他说学考古好,这学问太大了。他讲了很多清末民国期间文物收藏界的掌故,让我觉得这行确实有学问。但说实话,这个老先生压根儿不懂考古。直到进北大后才慢慢明白考古是怎么一回事。觉得考古挺有意思的,就这样学下来了。这就是我学考古的一个简单的过程。

李新伟: 您为什么选择新石器时代考古呢?

赵 辉: 要是学后段,就有文献了,我就怕了,所以选了前段。

当时我赶上好时候了,各阶段的考古,都是由几位老先生教的。旧石器时代考古是吕遵谔先生教,新石器时代考古是严文明先生和李仰松先生给我们上课,商周考古是邹衡先生教,秦汉考古是俞伟超先生教,魏晋南北朝隋唐考古是宿白先生——整个考古学都是这些老先生讲下来的。说实话,那时候也不一定有很高的判断力,都是凭着兴趣学的。后段考古一上来有很多文献,我就烦了。恰好严先生讲课的逻辑很好,一下子就把我"抓住"了,我们班的考古实习又是严先生带的,有了这么一个过程,我就学新石器考古了。

李新伟: 您是 1979 年考上北大的,到 1983 年本科毕业,后来又上研究生。这正是中国考古学发生转变、一些西方考古学理论被介绍进来的时期,当时对您产生了什么影响吗?

赵 辉: 刚开始的时候并没有接触西方考古学理论。后来张光直先生来了,并做了考古专题六讲。张先生讲课就在哲学楼阶梯教室,外地也来了好多人。但是对我来说,并不是特别有影响。学生嘛,觉得什么都是正常的。比如像现在我给学生讲课,告诉他这是一个最新的观点,他也不认为这是经过多大努力才得出的一个观点,他没这概念,反而认为这种事情很正常,理应如此。我那时候就是这样一种感觉。

李新伟: 也正是在这个时期,苏秉琦先生提出了区系类型学说。苏先生在北大做讲座的时候也讲区系类型问题了吗?

赵 辉: 讲了。我记得挺清楚,苏先生是在文史楼那个教室讲的。俞伟超先生在下面坐着,苏先生在上面讲到哪里了,俞先生就上去写板书,还把小口尖底瓶的两个系列的变化情况画到黑板上。苏先生讲的区系类型,当时我们也不太懂,后来才慢慢明白。到了研究生阶段,才逐渐对考古学文化的区系类型问题有了感觉,从那时开始接触考古学文化分期。当时看完书就回去做卡片、画图,研究分期,再后来慢慢地就开始讨论怎么划分类型,类型和"期"是什么关系。严先生说"期"应该是整个文化的分期。在一个文化的同一期里,每个地方都有其特点,因此可以在每个期里面再划出地方类型。在不同的期,文化类型可能前后相续,也可以是变化的,也可能消失,也可以分裂成两个,也可以是两个合并成一个等,诸如此类。

苏先生的区系类型学说提出来后,严先生说了一句特别"哲学"的话:"区系类型,我理解就是讨论文化之间和文化内部的各种关系。"我们一知半解。他说:"你们慢慢悟吧。"后来慢慢想明白之后,就觉得严先生的话说得有道理,就是别把区系类型看得那么僵化,它是不断活动、变化的,需要想法子把这种活动和变化分析出来。

与此同时,有学者提出了文化因素分析说。俞伟超先生最初在楚文化的研究里面用的,李伯谦先生也把它用到对造律台类型的研究里。两个人基本上是同时使用的。那时候我刚毕业,留在学校当学术秘书。我记得很清楚,有一次宿先生说:"作为一种方法,文化因素分析在艺术史、思想史的研究里面早就有了。"就是说从方法上看,这并不是一个新东西。当然,"用在处理考古学资料上面,他们二位是第一次",是俞先生和李先生的贡献。

其实在研究生阶段,我和我的同学做的最前沿的研究就是考古学文化分期。说实话,那时候我们不知道这个问题前沿在哪里,后来慢慢知道了:当时全国各地还有不少考古学文化上的空白地区或空白环节,考古学要研究历史,首先需要建立一个全中国的文化框架,做出一个年表,所以,在当时这就是一个前沿的东西。

李新伟:您那时候主要的关注点在山东地区吧?当时有什么特殊的考虑吗?

赵　辉:我做山东龙山文化研究。当时严先生的几个研究生

1993 年与严文明先生在浙江桐乡普安桥遗址发掘现场

中,杨群做大汶口文化和龙山文化的分界问题,吴玉喜做岳石文化研究,李权生做以山东长岛北庄遗址为主干材料的文化分期研究。为什么都集中在山东呢?我了解的是当时严先生申请了一个社科基金课题,名字大概是"胶东地区新石器时代到青铜时代的文化谱系"。从1978年照各庄遗址的发掘开始,严先生就开始在山东做工作,然后形成了这样一个课题,最后才有了杨家圈和北庄、珍珠门等遗址的发掘。我们几个人集中研究山东地区,一则是山东地区本身有需要研究的地方,二则有工作在那里开展,搜集材料比较方便。

李新伟:杨家圈遗址的实习是严先生带的吗?

赵 辉:是严先生带的。但是这个遗址不太理想,从台地边上看,文化堆积非常厚,但是挖下去以后,发现它是个建筑区。柱洞坑一个套一个,大约1.5~2米深,全是红烧土,探方壁整个是花的,划不出地层,也划不出灰坑等遗迹来,遗物也不多。堆积状况太复杂,反而不适合从来没有接触过田野考古的学生做实习。

在杨家圈实习的前一年,严先生在长岛调查,发现了北庄遗址。严先生看到挂在地边断坎上的房址,就不走了,要在那发掘。当时已经入冬,天气很冷了,实在是挖不成。所以第二年由赵朝红老师带队,七八级李水城他们班的十来个同学去做的发掘。与此同时,我们班在杨家圈遗址实习。所以,北庄遗址的发掘我们是知道的,杨家圈遗址这边的发掘快结束的时候,工地上不那么忙了,有些同学还偷偷跑去看了,我是因为一些事没能去。第二年,也就是大四的毕业实习,我们班的一部分同学再次来山东。其中部分人到北庄遗址,我和另外几位同学到珍珠门遗址。因为都在长岛,所以两边有来往,我们也了解到北庄的情况。当时已经发掘出来一片房址,再往下的发掘,就围绕这些房子去做。找到房址了,就要找墓地、确定有无围沟环壕等。从这个遗址的发掘上，我开始试图去理解如何做聚落考古。其实，北大的聚落考古探索，也是从北庄开始的。

李新伟：您的聚落考古思想是从北庄发掘萌芽的吗？

赵　辉：是的。虽然最后做龙山论文的时候，基本还是文化分期和谱系研究方面的，但是整个北大考古做聚落的学术思想已经开始了。那么，你就要琢磨聚落考古是研究什么的、聚落考古怎么做等问题。在这方面，严先生当时已经有了很深的思考，他给我们几个研究生开了一门课"仰韶文化研究"，这个课的内容也就是后来出版的《仰韶文化研究》这本专集。他通过姜寨、半坡、北首岭村落和元君庙、史家等墓地对仰韶文化社会进行的复原研究，对我影响很大。当时很多学者在讨论仰韶文化的社会时，集中在氏族、婚姻制度上，如对偶婚、走婚制、父系、母系社会等。严先生则不然，他认为婚姻制度、家庭和社会的组织原则等在考古学上都不太好证明。所以，他从考古资料出发，先分析姜寨的聚落结构。他发现一个小房子应该是一个小家庭，先不管当时是什么婚姻形态，房子里面有火塘，也有日用器物，说明这个家庭有自己的私有财产，但是找不到哪个是它的仓库，那就可以推断有些物品是从一个更大的集体里获得的。就是说，一个房子（家庭）不是一个完整的经济单位，它有一部分经济生活是要依靠大集体的。如此说来，姜寨聚落存在多级的所有制。这种研究方法和结论给我们的震撼很大。很多人都认为姜寨社会是原始共产主义，谁能想到它存在多级的所有制呢？严先生的研究思路和其他人不一样，其他人多从民族志，从马克思、恩格斯的经典理论出发，严先生则是从基本的考古资料出发。我在做文化分期研究的时候，严先生已经示范了怎么去研究社会，当时虽然半懂不懂的，但大致上知道了考古学研究的下一步目标。

这是我学生时代的两个主要收获。一方面是传统研究领域，具体是对龙山文化分期与地方类型的研究。我觉得在这个问题上我还是有点贡献的。当时对龙山文化最深入的研究是吴汝祚、杜在忠写的《论龙山文化的两种类型》，还有高广仁和邵望平写史前陶鬶的那篇文章(《史前陶鬶初论》)，山东省考古所对龙山文化也有分期研究，大概就这几篇。这些文章里面都没有将袋足鬶、实足鬶区分开，还有罐形鼎和盆形鼎也没有区分开。山东龙山文化的器物群构成非常复杂，我在开始的时候，也摸不到头绪，做了大量的卡片，整天揣摩。后来张江凯老师带我看了桐林遗址的出土器物，在老的临淄工作站埋头画了两天的器物图。又看了山东大学发掘的尹家城的资料，山东省所发掘的茌平尚庄等遗址的资料，国家文物局田野考古培训班发掘的兖州西吴寺遗址的发掘资料等。所到之处，都得到各位先生、同行的热情接待，山大的同事甚至把画好的器物图都送给我了，这让我非常感动。有了这几批材料，再加上杨家圈的，以及我在章丘两个遗址的小规模发掘所得、在山东各地参观所见，汇总起来，用分型定式的办法把典型单位出土的东西重新整理一遍，把器物群的变化以及鬶、高柄杯等的演变谱系梳理清楚后，完成了论文。

另一个方面，就是对聚落考古有了初步的认识。

二、他 山 之 石

李新伟：留校以后，您的研究方向就转向石家河文化了吧？

赵　辉：1986年我留校，当时严先生派樊力和贾汉青到石家河遗址去做工作，意思就是以后工作重心要转过去。但我没去，我正好是1987年到1988年间去日本早稻田大学，回来以后再去石家河遗址，那时石家河遗址的考古工作已经进行两次了。

李新伟： 那时候去日本，您有什么收获呢？他们当时有讲考古学理论吗？

赵　辉： 按严先生的说法就是去日本看看，摸摸行情。当时出国还是件很不容易的事，有了这次机会，严先生说：要把日本当作了解西方的窗口，历史上很多西方学说和理论都是拐着弯通过日本再到中国的，其中就包括考古学。日本的滨田耕作等学者对早期中国考古学的影响不比西方人小。严先生没给我具体任务，他大概知道我一年时间也学不成什么，开开眼界就不错了。刚到日本的时候，我的日文不行，听不太懂课，相当一部分时间是自己看点书。后来了解多了，就自然地把我在国内掌握的类型学方法和日本的做比较，感觉他们在类型学上的研究非常细致。我关注了两段——绳文时代和弥生时代，这两个时代的做法不太一样。绳文时代的研究主流是秉承东京大学山内清男的学说。弥生时代的研究上小林行雄的影响很大，他是京都大学的。这两位可以说是日本考古学一个时期的集大成者，他们从各自的角度分别建立了绳文时代和弥生时代的分期框架体系。因为材料不一样，所以两人具体的研究内容也不一样，但是思路是一样的，都非常注意细节，比如山内清男就详细研究绳纹是怎么做出来的，做绳纹的绳子是怎么搓的，有几股，怎么拧，是拍上去的还是滚上去的；而小林行雄则主要琢磨弥生时代陶器的制作技术，是怎么刮抹的，怎么修整的。这些特征在不同时期或不同地区的情况怎样，反过来，根据这些特征进行文化的分期分区研究。山内的接班人是佐藤达夫，虽然佐藤达夫五十多岁就去世了，但对后学的影响很大。当时有几个听过佐藤达夫课的老学生，还有崇拜山内和佐藤的一批年轻人，在佐藤达夫的遗孀家里，每个月开研讨会。我参加过几次，他们主要讲纹饰演变这些内容，和中国考古学类型学中的谱系分析差不多。与此同时，几位在 20 世纪 70 年代从国外学成归来的学者影响渐大，如主编《日本旧石器时代》的藤本强就是从美国回来的。当时日本人对西方的考古学理论的发展比较了解的还有安斋正人，他好像没去过西方，一直在东大做资料员，整天看书，介绍了很多西方前沿的东西，就是他把后过程主义介绍到日本的，这个人现在名气很大。还有一些在我看来是比较新颖的、比较精彩的研究案例，如有关稻作在日本发生和稻作文化在日本扩散的研究。当时还没有 DNA 技术，但是脂肪酸检测这些新技术都已经有了。还有对贝丘遗址的研究，我见过研究贝丘遗址上的贝壳的学者小池裕子。她把贝壳纵着做切片，观察生长线，通过生长线的粗细疏密，可大致推断这个贝壳是几月份捕捞的。因为水温高的时候贝壳长得快，线间距就疏，水温低的时候它就长得慢，线就密。那么大的一个马蹄形贝丘，根据他们的研究，在较短的十几年或几十年就形成了，并不像想象的几百年才能形成。贝丘里面还有小鱼刺，这么多鱼刺有什么用处吗？他们就研究，发现这些鱼刺是用来做酱的。还有贝壳短期内就堆成了一座山，一时间的捕获量非常大，产生的肉人吃不完，当时应该有长期储存的技术。贝壳的卡路里很低，只吃贝肉是不行的，一定得吃别的食物，这样就得去交换。总之，他们的研究提出了一系列很有意思的问题。

这使我大致了解到，日本考古学不是铁板一块，虽然山内和小林的传统还是比较强的，但也有人开始质疑了："编年（研究要做到）何时为止？"即主张研究取向上需要有发展、有进步。这些大约是 70 年代以来逐渐出现的新气象。当时的中国考古学，主流还是做文化的分期分区。这就启发你思考中国考古学下一步的走向了。

李新伟：您在日本产生了一些想法没有？比如国内应该在哪方面怎么做？

2002 年与中村慎一先生在日本鸟浜贝丘遗址博物馆

赵　辉：有些想法。在传统的类型学分析技术方面,日本学术界的有些做法是可以借鉴的。比如当时国内的陶器研究注意器物的形态分析,而不注意工艺和技术。这可能和我们的类型学技术首先应用在黄河流域的资料分析上有关。黄河流域新石器时代陶器群器形丰富,形态特征变化明显,自然成为首先关注的重点。但我们也有很多陶器装饰绳纹,却没有人做过细致分析,作为施纹工具的绳子,粗细不知道,一厘米之内有几根不知道,绳子股是向左边拧的还是向右边拧的,是勒出来的还是拍打出来的,或是滚出来的⋯⋯都不清楚。其实每一个环节上的不同,都会导致留在器物表面上的绳纹形态有所差别。反过来,若将这些特征用作讨论分期分区一类的问题,其实是很有帮助的。尤其是研究那些器物群构成比较简单的时段或地区,这类更仔细的观察分析,也许更有效。例如我回来以后,正好去辽宁旅顺开会,是关于小珠山文化的。我提交了论文,提出应当把小珠山下层分成两段,除了地层上的很少证据外,主要依据是形态的演变过程:通过对纹饰的分析发现小珠山下、中层陶器的纹饰从席纹和之字纹的组合逐渐变成一种长线的刻划纹;此外还有席纹的简化,原来席纹是侧面压的,后来变成长线形的。这个也算是受日本的纹饰研究的启发吧。我现在给学生讲新石器考古,讲到东北地区的文化时,根据陶器纹饰的分布情况,将包括俄罗斯滨海地区、黑龙江北岸、朝鲜半岛在内的东北亚概括为席纹和之字纹、黑龙江编织纹、篦划纹、附加堆纹四个大区。至于这四个区的划分究竟有什么意义,是族群不同,生计形态不同,抑或是环境不同等,我没有深究下去,但这种纹饰的跨文化和跨时段的分布态势,是一种更宏观的文化结构,肯定是有原因、有意义的。有兴趣的研究者可以再做探讨。

1989 年,广东省考古所在珠海召开学术研讨会,起因是广东省所在珠海及一些岛屿进行了大范围调查,加之多年考古工作的基础,可以就珠江三角洲地区新石器至青铜时代文化的认识进行阶段性总结、探索和进一步研究。会议期间,受日本贝丘遗址研究的影响,我向广东的先生们提议找一个贝丘遗址做点考古工作,得到了他们的支持,最后选择了三水银洲村豆兵岗遗址。随后和广东省考古所合作,做了几年的发掘工作。如名字所示,豆兵岗是一座高出四周的孤立小土岗,岗地周围可见贝壳堆积。豆兵岗的发掘一开始就将目标设定在了解贝丘这种特殊聚落的结构方面,因此在发掘区的选择上动了点脑筋,在岗地自西向东布设两条探方,实际上是一条贯穿遗址的大探沟,借此了解岗地中央和边缘缓坡上遗迹的种类和分布情况。又在缓坡部分扩大发掘区面积,以求了解这些地段上遗迹的分布。结果除了发掘出土大量贝壳、人工遗物之外,还发现岗地中部排列有序的墓地,缓坡处的房址及相关遗迹,即日常的生活、生产区域。这个聚落结构的发现,在贝丘遗址的研究中尚属首次。当时,袁靖刚从日本学成回国不久,我把他也拉进来对遗址出土的自然遗存,主要是贝类进行研究。豆兵岗遗址发掘材料的整理因为种种原因拖了很久才开始,现在正在朱非素、李岩先生的主持下进行着。但当时与我合作的另一位主要人物李子文先生却在几年前因病离世了,前年,冯梦钦也病逝了,他们都是英年早逝,真令人唏嘘不已。

（2015年,朱非素先生也离开了我们。每念及和朱先生一起工作的日子,不禁涕下。——赵辉补记）

三、领悟在田野

李新伟: 石家河城址的确认是聚落考古的经典之作,当时是怎么认识到石家河是有城的?

赵　辉：北大新石器教研室承担的田野考古实习从 1987 年起转到了湖北天门石家河遗址群。我 1988 年底自日本回国，第二年便开始参与石家河的考古工作。当时，在肖家屋脊、邓家湾和谭家岭等几个地点已经做了规模不等的发掘，肖家屋脊地点因为有个砖瓦厂取土，所以发掘规模最大，发掘区基本覆盖了这个地点尚存的部分，东西比较长。发掘后发现，中间是石家河文化晚期的大水塘，横跨了五六个探方。水塘外面有路，通到居住区。居住区有东西向的长排房址，在发掘区内至少有一排，房址下面叠压石家河文化早期墓葬。水塘是一点一点仔细剔剥出来的，当时也不知道这么仔细清理能得到什么，但是总觉得工作得细致点有好处。结果发现水塘内的陶片很多，横七竖八、高高低低的，上面还有类似人或动物踩踏的足迹。水塘岸边就不一样了，能看到平铺的大块的陶片，应当是当时人们在水塘边做什么事情，譬如取水、浣洗之类的场所。还有小路从房址延伸到水塘边。总之是一处非常好的、非常生动的聚落生活景观。但是由于各种原因，还有些迹象没有清楚地做出来。其中一个最主要的原因就是湖北当地的土太难认，又黏又硬，潮湿的时候是红色的，红花花的一片，很快晒干了，又变成灰白色的，原来勉强辨认出来的迹象立马找不到了，又不吃水，无法喷淋湿润再做观察。所以，许多迹象把握不准，给这处地点的发掘造成很大遗憾。

接着要计划来年的工作。至此，石家河遗址群经过两次发掘，获得大批遗物，研究遗址的文化分期是足够了。虽然还存在一些缺环，但是可以随今后的工作逐渐填补起来，何况遗址上也许就没有这段的东西也未可知。所以，这显然不再是今后工作的重点了。当时我们已经知道石家河规模很大，是长江中游唯一一处和长江下游的良渚遗址群在时代上大体同时、在规模上相当的遗址。但这个遗址规模究竟多大、等级多高、聚落结构内容如何，我们都还不清楚。1989年，为了解这些问题，我们在土城地点做了小规模发掘。土城位于遗址群偏北的位置，是个高而陡的土台，台地上中间凹，周缘呈垄状，状似城墙。那么，它是否是石家河遗址群的核心呢？带着这个问题，在可能是城墙的位置做了解剖试掘，结果发现的确是城墙，但是周代的。这使得石家河聚落的结构问题更扑朔迷离，也更紧迫起来了。正是在这种情况下，我们设计了遗址的调查。

调查在 1990 年春、秋各做了两个月，一共四个月的时间，主要由我和张弛实施，贾汉清也参加了一段时间。在开始阶段，我们并没有形成一个十分清晰的技术路线，只是想应该把遗址上每个地块、每个角落都走到、观察到。我负责测绘，张弛负责各种迹象的观察。因为已经有了不少发掘品，我们对遗址群的年代心中有数，因此调查中地表遗物的采集不太重要，说实话，在水田里也采集不到什么遗物。不过，在暴露的地层剖面和一些特殊地点如状似城墙的地方，以及下面还会说到的非常特别的三房湾等地点，我们还是特别注意了通过采集遗物收集相关信息的。说到测绘，就是利用罗盘量方向，用步子丈量距离，用眼睛估摸相对高程，再简单原始不过了。那个时候还没有激光测距、GPS 这类现代手段，光学平板仪等用起来又太不方便，只好如此。一天测绘下来，就是在一张表现地形地貌特征的草图上标出几条方向线和一些距离、高程数据。收工之后，再据此制作出正式的地图。虽然技术原始，但最后把每个地段的图拼凑成面积达十几平方公里的地图，和后来利用航片绘成的地图一比较，发现误差也就是十来米，主要的地貌特征基本吻合。这是我颇为得意的。调查的时候，一般是早上吃完饭出去，什么时候饿急了再回来，回到驻地先休息一阵子，缓过劲来补吃午饭，然后整理一天的调查收获，如绘制刚刚调查的地点的遗址地形图,清洗、统计和绘制采集的遗物等,再把各种观察到的迹象如地层剖面的具体位置、红烧土这类指征建筑现象的分布范围等标记在地图上。也是因为在当地做过发掘,我们对房子、瓮棺葬之类的遗迹现象有一定的了解,所以凭地表踏查和断续、零星的暴露出来的剖面,也还是能在一定程度上了解遗址群各地点的情况的。

也是我们的运气好,在调查开始不久,我们就找到了可以确认为石家河文化的城墙的剖面,再根据地形特点,很快就圈出了石家河城的范围,并且找到了确认其年代的地层证据,这就为理解整个遗址群提供了一个大框架。随后的调查目的就清楚多了,就是要想法子了解各地点地下堆积的性质,是建筑区还是其他遗迹。当然,这只是了解个大概。若是建筑,这个好认,凭着红烧土等与建筑相关的现象,我们有把握确认出来;但若没有这些,我们也就只能说这里不是建筑区,是什么就没法说了。但是与不是,从聚落结构的角度看,都是有意义的。最后,把各个地点观察到的现象汇总到地图上,把它们缀合起来,就可以看出,石家河遗址群是以一座边长一千多米的大城为中心的。城墙规模巨大,保存最好的部分墙底宽五六十米,最高约六七米,外面有几十米宽的护城壕,构成一套城垣体系。它的走向和当地地表水流的自然侵蚀方向不一致,在一些地段垂直修筑在冲蚀沟谷上,在另一些地段硬生生地开挖在开阔平坦的台地上,显然系人为所致。当然,我们也找到了人工堆筑等方面的地层证据。在那些平坦台地上,往往沿着宽大壕沟的外侧分布着一连串的高台地。钻探发现,这些台地也是人工堆筑起来的,估计是开壕出土太多,堆筑城墙用不完,便堆到了外侧。城内遗迹是连片分布的,北部除了西北角的邓家湾一带为墓地,其他各地点都发现了大片的红烧土,根据这个现象可以推断是建筑区,中部谭家岭地点进行过试掘,发现 1 米宽的墙,墙内柱洞直径达 40 多厘米,这里应当有大型建筑。唯一例外的是南部三房湾的台地,这一带与建筑有关的迹象不多,却在一个地点发现地表散布着大量的红陶杯子,十分粗糙,显然不是日常生活中的用具。揭开表土,下面的堆积几乎全是这种杯子,密密麻麻、横七竖八的,于是我们做了一个十字线的钻探,有了厚度、面积的数据,就可算出这个堆积的体积,再除以一个红陶杯最大的占有体量,发现这处堆积中红陶杯的数量竟达 200 多万个。这是个什么性质的堆积?你可以有很多想象,我们也说不清楚,但总之是个非常特别的地方。和城内不同,城外各地点之间的文化堆积就不是连续的了,从这个意义上说,可以把城外的这些地点分别叫作遗址。这样,花了四个月的时间,我们对石家河遗址群的结构的了解就和以前完全不一样了。调查的结果和我们的一些思考,后来发表在《南方民族考古》上(《石家河遗址群调查报告》)。

李新伟: 就是说,当时已经开始以聚落考古的思想对遗址进行整体性的思考了?

赵　辉: 对,这算是对大遗址的一个思考了。石家河的调查算是一项比较成功的工作,现在总结起来,意义可能有这样几个方面:第一,摸索出一套如何通过调查了解聚落结构的方法。实践证明这是可行的,如果再和发掘得到的知识结合起来,就能收到事半功倍的效果。在石家河调查之前,中国考古学主要研究考古学文化的分期、年代、文化关系等,以探索遗址结构为目的的调查几乎没有,至少是没有见过报告。但以后的考古学研究一定会向复原古代社会方面深入,而古代社会的方方面面,不是说全部,也是很大程度上体现在或者依托在聚落的结构上的。所以,像石家河那样,通过调查的办法比较快地摸清遗址的结构,是值得推广的。这也是我们后来修订《田野考古工作规程》时,把这部分内容单独列为一条,叫作"遗址勘察"的原因。第二,了解了遗址的整体情况,就为进一步的发掘找到了关键点。否则,一座遗址,尤其像石家河这样的大型遗址,你要发掘,从哪下手呢?如果随便找个地点挖,你都说不清挖出来的遗存之于石家河聚落群的确切意义。例如我们调查发现,石家河的城墙在东南角有个大豁口。为什么?不知道。这个问题被湖北所的同志注意到了,最近做了些工作,发现地下是有墙的,还有栅栏之类的迹象。但新的问题又来了,为什么这里的墙矮,结构和其他地段不一样?是为了水路交通还是什么?这就又为进一步的发掘研究提出了方向。第三,当时已经知道从江汉平原上屈家岭到石家河文化阶段的遗址是很多的,有些规模也很大,虽然赶不上石家河,但其中有些也是台状的。当时已经知道湖南澧县城头山是座由城墙环绕的遗址了,再把在石家河获得的对城墙的认识应用到其他遗址上,结果很短的时间里就确认出大大小小十几座这个时期的城址来。这对我们理解这个时期长江中游地区的社会发展状况,乃至理解它在中国文明形成总进程中的地位,起到了根本性作用。

李新伟:接下来在八里岗的工作也是聚落考古的重要实践吧?

赵　辉:是的。其实真正清楚该怎么发掘一个聚落始于八里岗遗址。当时北大在石家河的发掘虽然时间不长,但出土资料极多,需要一段时间进行整理,于是考虑暂时换一个实习地点。恰好当时樊力为收集论文资料,在南阳邓州的八里岗遗址做了试掘。选择南阳地区,首先还是考虑它位于南北交通的干道上,沟通黄河流域和长江流域,是探讨这两大区文化交流的理想地点。但1991年的第一次发掘就有重大收获,发现了保存得极好的房址,这是一种地面起建的连间排房,第一次发掘就揭露出来好几间,墙还有70多厘米高,先挖基槽,埋木骨,把木骨绑成栅栏,再糊泥成墙,地面由不同质地的土多层铺垫,还有精巧的推拉式房门等,这些迹象保存得非常清楚。第二年,整个新石器组的实习就全搬到那儿去了,发掘重点也不再仅仅是要了解遗址的文化面貌,而是迅速转向全面揭露八里岗史前聚落上了。这一做,就持续了十几年,这是始料不及的。

八里岗遗址坐落在湍河边台地上,面积不大,几万平方米,文化堆积中有汉、商、新石器时代的龙山、屈家岭、仰韶和新石器中期各个时代的遗存,仰韶文化中期偏晚到晚期偏早阶段的保存得最好,前面说的那种排房就是这个阶段的。通过第一次发掘就已经知道了,这样的房子重重叠叠,有四五层之多,是毁坏了以后原地重建,再毁坏再重建的结果。后来不久又了解到,这种连间排房在遗址上有三四排。那么,怎样做这个遗址的考古,就是发掘者们要考虑的问题了。这里应该说到,我参加八里岗的工作并不多,因为当时还有广东三水的发掘,之后又有浙江普安桥的发掘。八里岗的工作是严文明先生主持的,工地上主要是张江凯老师和张弛、樊力他们几位负责的。但即便是短期在遗址上帮忙,也收获不小。回到刚才的话题,怎样做这个遗址的考古? 前面说过,全面揭露聚落这个目标是定下来了,进一步的工作过程中,觉得仰韶这个阶段的房子保存得太好了,不能按常规把这些探方挖到生土,那样就太可惜了。所以在以后持续十多年的发掘里,除了一些特殊目的需要,我们挖得深一些,绝大部分的发掘现场都停在了这个层面,然后做保护性回填。这个做法,竟然十分符合当今的遗产保护理念。问题在于,八里岗的房子分好几排,一排之内还分几栋,栋与栋之间离得近一些,但排与排之间怎么也要间隔十几米吧,每个位置上的房子又都有上下好几层。你要做聚落的结构,具体到八里岗的场合,就需要把握哪排、哪栋是同时的。其实同样的问题我们在长岛北庄遗址的发掘中就遇到了,但北庄遗址房子的形制和保存状况与八里岗不同,都是半地穴式的房子,而且很多地穴的原始高度已经破坏掉了,也就是说,找不到房子外面的地面。因此,北庄遗址那么一大片房子,其中也有很多是叠压打破、套在一起的,彼此之间的关系,就只能根据出土陶器的形制分析来梳理,没有现场的证据,这不能不说是个遗憾。在八里岗,我们感到是有可能在发掘现场就解决这个问题的。八里岗的房子是地面起建的,很多地段还有墙,有墙就有墙根,有墙根就有室内和室外的地面。于是,我们不仅注意对室内地面的剔剥,也剔剥了室外地面。开始,按照张江凯老师的说法,这叫作"环境",指房子室外情况。进而我们发现,一栋房子的室外地面可以延伸到另一栋房子的墙根,一排房子的室外也可以延伸到另一排房子的墙根。这个发现,至少令我感到很振奋。这是一种串联起遗址同一时间内各遗迹现象的现场证据,遗址上原本就保留着,我们注意到了,把握住了。后来写了篇文章,把它凝炼成一个地层学的概念——活动面。我想,这个概念对于做聚落考古是有意义的,因为聚落考古的一个很大任务就是要搞清楚一个空间范围内的或者说一个平面上的布局、结构。过去,我们对这个平面的复原大多是通过类型学分期得来的,例如北庄聚落的房子分布等,而活动面的概念可以引导发掘者在发掘现场找这个实实在在的"面",这样得来的聚落布局结构就是确凿的了。

我关于活动面概念的认识,一方面是在八里岗现场得到了很大启发,另一方面也在普安桥遗址的发掘中得到了加深。文章写出来,听说俞伟超先生颇为赞赏,他当时主持三峡库区的工作,把这篇文章复印了好多份,推荐给库区的各考古队。

李新伟： 普安桥遗址虽然规模不大，但发掘成果对了解良渚文化聚落结构有重要意义，这项工作是如何开展起来的呢？

赵　辉： 当时良渚文化有了很多重要发现，也产生了很多问题。我也想尝试做点良渚文化的工作，当时恰好有个机会。过程是这样的：日本上智大学有个研究中国考古学的学者量博满教授，很著名的，中国学者中很多人都知道位先生。他搞了一辈子中国考古，但生不逢时，始终没能在中国做过田野工作，甚至在 20 世纪七八十年代，他来中国参观交流也是有难度的，这也让他深以为憾。1991~1992年，环境许可了，他也找到了经费，就和严文明先生商量，能否做个良渚文化遗址的发掘项目。这样，在 1992 年底，三水豆兵岗遗址发掘结束，我就从广州直接赶到杭州，与严先生和浙江所牟永抗、王明达先生碰头，敲定了中日两国，北大、浙江所和上智大学三方的合作计划。工地上北大方面的工作就责成我来负责了。

第二年，根据浙江所几位先生的建议，联合考古队主要在嘉兴地区做了大约一个月的调查，跑了很多遗址，选中桐乡普安桥遗址作为发掘对象。选择这个遗址，我没有参加意见。当时我并不了解良渚文化遗址的情况，跟着大伙儿多跑跑，主要是学习，不便贸然发言。普安桥遗址规模不大，在良渚遗址中算是中等偏小的，这对于时间、队伍都有限的项目来说是合适的。而且遗址当时已经遭到破坏，一条机耕路横贯东西，把遗址的土墩切成两半。还听说修路时挖出了玉器，引起哄抢和盗掘，继续保存下去的前景堪忧。所以，我也认为这个选择是对的。

当时学术界的一般看法是良渚这个时期的土墩上往往有墓葬，因此，这些土墩都是为埋设墓葬修建起来的坛，即所谓的"墓坛合一"。例如著名的瑶山、福泉山、寺墩、张陵山、赵陵山等，都是如此。

普安桥出土过玉器,也应属此类。一些墩子上有红烧土,当时流行的说法是燎祭遗迹。但我对这个说法持怀疑态度。调查中,我们也在一些遗址的土墩上发现了红烧土,有的成层分布,有的土块颇大,上面还有木柱之类的印痕。根据在长江中游和八里岗等地的经验,这些应当是火毁后房子的遗留。带着这个问题,我想在普安桥遗址发掘中一看究竟。

普安桥的发掘进行了三个年度,每年两个月左右。发掘区沿东西向贯穿遗址机耕路的南侧布设,宽10米,长30多米,又向两端和正南方向各打出去一条探沟,以把握遗址边缘。发掘发现,遗址的土墩是层层堆起来的,有比较干净结实的堆筑土层,也有灰烬层,这应当是日常生活的垃圾,那么附近就应该有建筑,同时也的确发现了墓葬,内涵颇为复杂,肯定不是简单的"坛墓合一"。于是我们很快调整了发掘策略,打开探方的界限,在发掘区内严格按层剥离。因为脑子里有了土墩上可能有房子的意识,所以特别注意对每个层面上遗迹现象的观察。孙国平正好负责发掘区中间的位置,位置最高,四面斜坡,是个土台,如果有房子,台面上是最有可能的。当时我没有良渚遗址的发掘经验,对良渚文化房子的性质毫无概念。考古队中其他各位对良渚墓葬的情况很熟悉,找墓口、清理墓葬都做得很漂亮,甚至做出了墓葬的封土,这是第一次,可能也是目前为止唯一一例有封土的良渚文化墓葬!但大家同样不大有清理房子这类遗迹的经验,日方队员就更不用说了。因此我非常慎重,压着孙国平的急性子,在那个层面上反复观察,就是不让他往下清理。孙国平开玩笑说,发掘了两个月,我只刮了十公分。但最后终于发现了柱洞和围成方形的墙基槽。可能因为是第一次在土墩上辨认出房子,有些来参观的先生显得有些疑虑,不过,严先生和张忠培先生到工地看了以后都非常肯定:"这不就是房子嘛,这么清楚。"后来大家回顾发掘之初,在这座房址上面一层的地面上同一位置可能还有个房址,但一则是保存状况不好,一则是没有经验,当作墓葬做了一阵子,又觉得不像墓,做了记录后就清理掉了。回头想想那个应该也是个房基。经过发掘,我们发现,发掘区内最早的原始地面是平的。人来了以后,东西并列堆起了三个土台,每个土台上都有房子,其实土台就是房子建筑的台基。台基不高,三四十厘米左右吧。房子毁了,原址重建,台基随之扩大和加高。我借鉴了八里岗的经验,不仅注意辨识房子,还特别注意了室内外地面的观察清理,有很多有意思的发现,譬如房子外地面上埋设的陶器、局部火烤的痕迹,有的地方散落动物骨骼,房子东、西、南三面台面和缓坡上比较洁净,北坡则往往有多层的灰烬垃圾等。还发现房子使用期间,在台基边缘埋墓,墓葬要尽量挖在台面上,以防止地下水渗入,但台子面积有限,为了安排墓葬,有时还要专门在这个位置继续堆筑台地,再挖墓圹。随着这些活动年复一年进行,台子也逐渐加高扩大,三个小台子连成两个,最后变成一个,也就是我们今天看到的遗址外观。

普安桥的发掘,应该说第一次揭示了一座良渚文化土墩遗址的形成过程以及这个过程中人们的行为内容。虽然普安桥遗址揭露的只是一座聚落的一部分,但对理解同类的中小型遗址是有帮助的。后来浙江所的先生们发掘南河浜、新地里等崧泽、良渚文化的遗址,包括最近发掘的皇坟头遗址,都有类似的结构。

第一年度的发掘结束之后,在严先生的建议下出了个简报,发表在《文物》上(赵辉、芮国耀:《浙江桐乡普安桥遗址发掘简报》)。但第二、三年度发掘后,我们对简报中的地层认识有一些修正,这些将来会在正式报告中指出来。不过仅仅是局部的修正,不关宏旨。

李新伟：您一直没有停止对田野考古的深入思考，比如对"面"的思考。

赵　辉：确实是这样。也是被两件事逼的。2003 年起，我们承担了国家文物局委托的全国田野考古人员培训的任务，而在办培训班的过程中又接到了国家文物局委托修订《田野考古工作规程》的任务。原来的《田野考古工作规程》是 1984 年颁布的，是个试行版。因为学科发展迅速，研究、复原古代社会的学术诉求对田野考古资料有了新的期许，对田野考古提出了新要求，这就会引起田野考古技术方法的一系列变化。那你既然办班，要修订规程，就要有一个系统思考了。此外，我在学校承担了《田野考古学》的教学课程，也要有个系统的东西教学生。

在国家文物局的田野考古培训班之前，我因为自己的学术是从龙山文化的研究起步的，一直有个心愿，想再做做龙山文化的遗址、聚落。1999 年有了机会。那年，烟台博物馆、长岛博物馆请严先生过去看看，我也跟着过去了，回来的途中，在济南跟省考古所联系，谈好了 2000 年在临淄桐林做考古调查，同时也做点试掘。接着 2003 年，也就水到渠成地把培训班放在了桐林遗址。

桐林是个很大的龙山文化城址，出土过非常高规格的陶器，也发现有城墙、城壕。在这个大型遗址上工作，我把勘察石家河的经验搬了过来。遗址中心部分是个高台地，面积不到 50 万平方米，有两条路沟呈十字形交叉，把这部分遗址分成四份，路沟两旁暴露着文化层。我和孙波等花了些时间，把这些剖面清理出来，测绘记录并采集遗物，从而了解了这部分遗址文化堆积的状况，大致是除却各处都可看到些汉墓外，台地北半部上有很厚的春秋战国时期的堆积，有大范围的夯土台基等。据魏成敏说，文献上记载，这一带春秋战国时期曾

2004 年考察陕西岐山周公庙遗址

经有个邑所——漷邑,这些遗存是否与之有关? 台地南部晚期遗存较薄,以龙山时期的为主,也采集到了少许岳石文化的陶片,甚至还有大汶口文化的陶片。在路沟旁的剖面上,我们也找到了城墙、壕沟,不止一处,当然,它们的对应关系比如东侧的城壕和北侧的是否为同一道,仅凭调查钻探一时还确定不下来。而在台地东侧城壕位置的试掘探沟表明,不仅有龙山时期的城墙、壕沟,还有岳石文化阶段的壕沟。壕沟内清淤、补壁、向外扩宽、淤埋废弃和再开挖新壕沟、扩大城址的过程非常复杂。此后,在遗址发掘的同时,勘察还继续开展了一两个年度。孙波领人在遗址各处钻探,把三道龙山城墙、壕沟以及南门的位置落实了下来。我们还在城址台地外围做了勘察,了解到桐林遗址的规模非常大,远不是中心那个四五十万平方米的台地,周围分布的文化遗存有八片,环绕城址,加起来达 280 万平方米。此外,西面 1 公里多远的愚公山很可能是遗址的石矿源产地。当时已经知道的龙山文化的城址有好几座了,基本上都是文化遗存分布在城址以内,像桐林那样的外围遗址拱卫城址的聚落布局,还是仅见。这就给出了探索龙山城址聚落的新线索。

由于山东龙山文化的分期研究得比较透彻,所以这次桐林遗址的发掘,一开始就把目标直截了当地设定在揭示聚落结构及其变化方面。而这就隐藏在遗址文化堆积中各遗迹单位之间的关系上,体现在田野操作上,无非就是把这些关系做清楚,借助地面、活动面将它们串联起来等。但有些现象启发了我们对所谓"关键面"概念的认识。"关键面"这个概念记得是俞伟超先生首次提出来的。他说,有些遗址里,关键的层面要注意,如果上面是墓地,下面是居住区,那么从这中间的"面"开始,文化堆积的方式、内容发生了很大变化,这种面就是关键的"面"了,在田野工作中应予注意。关键面其实很常见,很多遗址尤其那些使用时间较长的遗址的堆积中都有。但在以物质文化史研究为主的年代，大家主要关心遗迹上下的层位关系，以便为讨论遗物面貌的变化找根据，对这种实质上表现聚落布局变化的关键面关注得不多。因为桐林的发掘目的是揭示聚落结构及其变化，关键面这个概念的重要性就显出来了，在发掘中，我们也恰巧遇到了这种现象。

桐林遗址的发掘区布设在城内东南部，是一片建筑区，有房子、夯土台基、灰坑、水井、零星的墓葬等，随着发掘的进行，发现这些遗迹围绕着一个大型院落分布。说它是院落，是因为发掘加上钻探，发现了一圈东西 40 多米，南北约 20 米的基槽，基槽宽五六十厘米，深约 1 米，内有柱洞，看起来是很结实的墙，又因为没有发现地面以上的墙体，说不定是一圈高大的栅栏，它圈起来的范围太大，不会是单体建筑，所以我们认为这是道院落的栅栏围墙。我们还发现，在大致相同的位置，这些基槽竟有七八条之多，是多次毁坏、重建的结果。换句话说，这个现象意味着桐林遗址这个部分的聚落结构稳定持续了很长时间，也意味着制造这个结构的人们的行为模式稳定持续了很长时间。大家都认可、维护这么一个格局嘛。继续向下发掘发现，最早的基槽建造之前，这一带依然是居住区，也有房子、灰坑之类的遗迹，还有道路。但是，院落的构筑改变了原来的格局。我们就想，这种格局、结构的变化，反映了当时人们行为模式的变化，这个变化的节点是保存在了地层堆积里面的，也就是俞先生所谓的关键面。将它识别出来、把握住和将来编写报告时着重指出来，是有意义的。于是，我们进一步想，这种关键面从地层学的角度，可以作为文化堆积的分期的标志。在田野考古现场，发掘者的任务就是分析、研究文化堆积的形成过程，其中也包括这种从堆积形态的变化上反映出来的堆积的分期。顺便说到，堆积的分期和文化的分期是两个概念。前者指的是从堆积状态的变化反映的当时人们行为内容的变化。这个变化和文化面貌的变化可以是同步的，也可以是不同步的，没关系，总之是两回事儿。桐林遗址的情况恰好是个很好的例子。在最早的那道基槽上，我们发现了两个灰坑，一个被基槽打破，一个打破了基槽。但两者出土的陶器根本区别不开，形态特征完全一样。对龙山文化的分期问题我算是有过研究的，孙波也是经验十足，所以可以断定桐林遗址聚落结构的大变化是一个文化期里很短的时间，也许就是过了一夜之后便发生的事情。但是，此前的田野考古中，似乎没有人强调过关键面这个概念，考古报告基本上是从文化分期的角度整理地层资料，却没有人从堆积分期的角度整理和发表地层资料。既然研究文化堆积的分期对于探讨遗址上人们行为的变化过程是有意义的，亦即对于今天开展的聚落考古是有意义的，因此，我把这些内容、概念写到了新规程中了。

在桐林遗址的工作期间，我们还做了一件事，即明确了"堆积单位"为发掘作业上清理、采集和记录的单位。堆积单位这个概念在传统的田野考古学中是有的，例如灰坑内划分出的小层，在清理墓葬时，填土和墓室内堆积要分开，房子有倒塌堆积、使用地面和以下的一套建造结构等，这些都是这里所说的堆积单位。但是，好像没有人把这种在一个遗迹之内的小层、小坑等，统一称为堆积单位。这反映了一个事实，那就是在物质文化史的研究阶段，人们十分重视遗迹，重视遗迹间的地层关系，因为这些现象是做文化分期研究时最重要的材料。考虑到当今田野考古工作以聚落结构形态和其中的人的行为资料为目的的这个任务，堆积单位包含的反映过去人们行为内容的信息，就重要起来了。例如一座窖穴或者一口水井内的层层填土，应该代表了其废弃过程中人们一次次的具体行为,同理,一座房子的基础垫土、基槽或柱洞坑内填埋它的土、居住面上的不同垫土层等,分别代表了建造这座房子时的各个工序环节。这些都应该在发掘现场仔细观察出来、把握住和非常规范地记录下来,遗物和分析样品的采集,也应该按照这些小单位进行。所以,我们也把这部分内容作为明确的要求,修订进新版的《田野考古工作规程》里去了:把这些遗迹内的小单位统一叫作"堆积单位",它们是清理、采样和记录的单位。这样做,至少对于规范发掘者的行为、规范考古记录、提高发掘质量是有作用的。

在桐林的发掘期间,我们做的第三件事就是将国内的田野考古做法和国外(主要是西方)的进行了一番比较,借鉴了他们的一些东西,同时保留了我们的那些很好的传统内容。例如国外普遍采用"Context"这个概念。所谓 Context,其实就是前面说的堆积单位,指一块土质土色上和周围有区别的堆积。在发掘现场,发掘者辨认和画出来这些 Context 是非常重要的工作内容,发掘清理、采样、记录等也是按照 Context 这个单位进行的,他们的发掘资料首先就是一大堆 Context 记录表和依次采集的遗物、土样。这样做,比较容易做得规范、标准统一,是优点。我们对堆积单位的作业要求就是借鉴了这个办法的。但是,在国外的田野记录系统中,只有 Context 这一级别的记录单位,至于哪些 Context 是一座灰坑内的,或者说哪些 Context 构成了一座灰坑的堆积,那是离开了发掘现场后整理整合作业的结果。当然,他们的发掘者尤其是主持工地的人,脑子里还是有房子、墓葬、窖穴之类的遗迹的概念的,否则他们也没办法从一大堆 Context 中整合出一个个遗迹。但在他们的工作系统中只有 Context,那么,你后来整理、整合得对不对? 由于离开了发掘现场,就难说了。中国则不然,中国的发掘者脑子里是两个层级单位的概念,也就是遗迹单位和遗迹单位内的堆积单位。中国的大学教的也是在发掘现场首先要辨认和画清楚遗迹与遗迹之间的关系,然后才是遗迹内的堆积单位。你在辨认遗迹时,是在考古现场进行的,没有脱离现场。发掘现场是考古学研究的第一现场。我们的做法强调现场研究的重要性,在现场就要把所有的现象搞清楚,这是中国考古学的高明之处。但事情都有两面,如果你在现场判断有误怎么办? 弄不好就一错到底了,纠正起来相当麻烦。凡是做过田野的人,都有这方面的经验教训吧?所以,我们的做法对发掘者的要求更高。再有,我们注意到,国外Context 式的发掘开展了很多年,对 Context 的记录严格规范,记录表的栏目非常全面,填写时不能漏项。反观我们的传统做法,如墓葬登记表、灰坑或房子的记录等,很不规范严谨,尤其那些灰坑、房子的记录,没有细致的记录要求,基本上是发掘者看到哪里、记到哪里,看不到的、忘了看的、马虎草率不负责任的,都影响记录的完整、准确。所以国外这个方面是值得借鉴的。不过,我们是遗迹和堆积单位两个层级的编号、记录系统。所以又不能全盘照抄国外的办法,要改造,符合国内情况。所以,我们借鉴国外经验设计了堆积单位的记录表,要求一座灰坑有几个堆积单位,就有几张记录表,再加上灰坑本身形状的一张记录表,以及对它的各种图纸测绘、照片和发掘过程的文字记录,构成了这座灰坑完整的记录。墓葬、房子等的做法道理相同、形式相似。这样就保证了取回来的田野现场的各种信息的完整、不丢项。还有就是遗物和分析测试样品的采集,这也是我们传统上不严谨的方面。对于陶片、石器等人工遗物的采集,我们建立了标准,要求遗址的土全部过筛子,筛眼大小要一致。现在的考古学很重视那些包含在土里的细小遗物的研究,如植物种子、茎秆叶子的碎屑、小动物骨骼、制作石器时产生的石屑,以及更小的花粉、植硅石、硅藻、有孔虫乃至土层的微结构等。遗址上的土你做不到全部洗一遍、浮选一遍,也没必要。这就涉及抽样方法等一系列问题,对此,我们也进行了研究和实践。

李新伟: 您的田野工作思考是与聚落考古密切结合的,其实是在思考怎么通过田野工作为聚落研究奠定基础。

赵　辉: 是的,说到底这是个理念的问题。你做古代社会复原时,和在做物质文化史的研究阶段,希望通过田野工作获得哪些资料以及对它们质量、数量方面的要求是很不一样的。很多学者呼吁,要提高中国考古学田野发掘单位面积的信息量,这是对的。但你要首先弄明白提高它干什么,是学科发展的需求,是中国考古学从物质文化史研究阶段向古代社会复原研究阶段转型时的新需求。如果你没有参与这个转型,还是做考古学文化的分期、划分类型、讨论文化关系的研究,你就没有在田野考古工作中找其他信息的需求、动力。研究者有各自擅长的领域或兴趣,但作为学科的整体,你就必须对它的发展现状和趋势有一个清醒的认识。我把物质文化史的研究看成是整个考古学研究的基础。你首先要用物质资料搭建时空框架,这些物质文化面貌的各种表现、关系,为探索其背后的社会生活、生产等提供线索。当这种物质文化表象的整理、分析到一定程度的时候,学科一定会越来越把注意力投射到它们背后的社会上去。那么,到这个时候你会发现原来能够满足物质文化史研究的资料在复原研究古代社会时不够了,用传统的习惯了的技术方法获取可以满足古代社会复原研究的资料时也力不从心了。这时,你就要考虑开发建设一些田野考古的新技术、新方法,这时就必须考虑对田野考古工作的方法论——田野考古学做些补充、升级,例如增加或突出强调一些概念,如活动面、关键面、堆积单位等,然后把这些概念再转化落实为操作技术。这样,田野考古学和田野考古技术体系都要有些变化了。总之,你需要有一个整体性的思考。

在我看来,以复原和研究古代社会为目的的当代考古学对资料的需求可以概括为两个方面:一个是遗址上的聚落结构及其变化过程的资料,这需要我们在发掘中不仅要拿到遗迹间的层位关系的资料,还要尽可能在现场把握它们在一个活动面上的分布情况,因为你可以把一座聚落的结构看作是这个社会集体的组织结构的反映,同时也是这个社会集体展开各种行为的依托;另一个是需要得到能够了解这个大结构里面人们的具体行为的资料,它们不但表现在遗迹之间的关系上,还表现在一个个堆积单位的关系上——例如一座建筑的建造和使用以及最后的废弃,甚至表现在一个堆积单位中各件遗物的关系上,如一座墓葬随葬品的摆放位置、种类组合等,甚至那些肉眼看不见的遗存如食用或利用过的植物残留里也有丰富的相关信息。为了得到这套资料,除了要对地层学原理做些思考,建立若干新概念,如前面说到的活动面、堆积单位等,还要把这些概念转化为操作技术,譬如你在做一个"面"时,就最好不要被传统的探方、隔梁制度限制住,别食古不化,该打开就及时打开,但同时也要有补救隔梁地层图的措施。为了得到合乎种类、数量、质量等各项标准的资料,田野作业就要严谨精细,我们把田野考古技术体系分成三个子系统,分别是发掘清理作业、采样和记录,分别雕琢它们的技术,同时也兼顾这三个子系统在达到获得合乎标准的田野资料上的互补关系。但是光把提高田野工作的质量寄希望于考古工作者的责任心还不行,还需要建立一些技术标准,规范考古工作者的行为,这也是修订《田野考古工作规程》的初衷之一。这还不够,还要讲出为什么这么做的道理来,大家明白了才能自觉执行,甚至还可以在这个基础上再去发展。但是,《田野考古工作规程》毕竟不是一份理论性阐释的文件,所以还需要有一本学科新阶段的田野考古教材。这正是我们目前在做的事情,希望时间不要拖得太长。

最后我要强调的是,以上我谈了很多自己对建立一套以聚落考古为核心的当代考古学田野考古工作体系的追求,但是,这是在北大考古的氛围里进行的,同时也有北大考古很多人的共同努力。北大对聚落考古工作方法的探索从当年北庄遗址的发掘开始,经过了二十多年,才形成体系,很多人对此作了贡献。例如《规程》附录里的堆积单位记录表,是张弛参考了国外的 Context 记录表做出来的;器物登记表,是徐天进设计的。张弛、樊力等主持的八里岗的发掘中首先采用了全站仪等测量技术,同时摸索各种遗物的采样标准。后来在桐林和浙江余姚田螺山遗址的发掘中,秦岭花了很大力气,把它发展成一套系统采样的工作方法。在桐林工作中,我们借鉴国外利用系络图整理和分析地层资料的办法。既然中国的田野考古是分遗迹和堆积单位的两级编号体系,于是张海等最近在陕西岐山双庵遗址的发掘中,将系络图也分别运用到遗迹之间和遗迹内各堆积单位的记录和整理、分析上去了。用这个法子整理遗迹,譬如一座墓葬内部的各堆积单位的关系,实际上就是在逼着发掘者在现场仔细观察墓葬各部分,把例如先挖墓圹,挖腰坑、脚坑,内置殉葬动物,再下棺椁,放置随葬品、分别捣实四面二层台,于棺椁外放置随葬品和殉葬动物,最后填埋墓圹,乃至封埋后发生的棺椁朽毁、塌陷等各个阶段的堆积梳理清楚,不然,你是做不出这张系络图的。所以,它的好处在于提高了发掘质量,也使得墓葬记录更加全面完整和规范。我们将这个记录形式和传统的墓葬登记表比较一下就会发现,传统的记录形式

2011 年参观波兰史前燧石矿遗址

中基本没有对墓葬或者房子之类遗迹构筑过程记录的硬性规定。总之,聚落考古的田野工作体系的建设是集体的成果。这其中,我可能想得多一些,做得多一点,也就是如此了。

四、对史前社会的探索

李新伟: 严先生提出"重瓣花朵"的概念是 1984、1985 年吧? 那时候,您正好还在研究生期间,当时听严先生讲这个理论您有什么感想吗?

赵 辉: 严先生给我们讲"重瓣花朵",按我的理解,他不仅仅在说现象,他讲的是文化的结构,这个结构实际上是整个中国史前史大的发展脉络。要理解他的"重瓣花朵",还必须和他用的另一个概念——"多元一体"联系起来。严先生说,"多元一体"是从费孝通那里借用过来的。费孝通从社会学、人类学、民族学的角度,分析出了中国是多民族的、统一的国家的历史缘由。严先生说,从考古学物质文化上看,也有这么一个多元文化一体化发展的表现。而这个一体化的原因,首先是史前文化有"重瓣花朵"式的,或者说是向心式的结构。严先生讲的更多的是为什么会形成这样一个"重瓣花朵"的结构。后来我才想清楚严先生这种思考方式,实际上他是为现在的中国追寻一个史前时代的基础,就是说我们能发展到后来,实际上史前已经形成一个基础,从根上说,他心里想的是做这么一件事。

苏秉琦老先生也想着这个事。苏先生用了"外八庙"做比喻,来说中国历史。苏先生的比喻弯儿拐得有点大,有点隐晦,有点难理解。但是你若把"外八庙"和居于中央的避暑山庄联系起来看,就不难明白,苏先生也是说中国文化是"满天星斗",是多元的,同时又是向心的,和严先生是一个意思,只是没有用"多元一体"这个词罢了。

那个时候就觉得严先生高呀,把我们都震住了。他讲的不光是结构本身,而是重点讲这个结构是怎么来的。他讲东亚地区的地形和环境特点:这一地区北边交通不方便,青藏高原在西南方向那儿堵着,西边是戈壁大漠,南边是热带雨林,都是很大的地理障碍,中国在地理上比较孤立。这样就导致了两个后果,一方面中国的文化在长时间里比较独立地发展,另一方面是内部交流频繁。中国虽然在地理上比较封闭,但内部空间很大,中心区域有长江、黄河两条母亲河,还有数不清的支流,而河流是最方便交流的通道。频繁的交流导致了各地文化的趋同,呈现向一体化发展的趋势。黄河流域和长江流域地处温带,气候的原因促使这个地区最早产生了农业。这方面,严先生是有很深的研究的。以农业经济为基础,文化的发展也就更快,程度也就更高,于是在东亚出现了一个文化最发达的区域,首先产生了文明。但它的外围地区还长期地停留在渔猎、采集经济阶段,很晚才纳入中原体系,这样就形成了一种"重瓣花朵"式的格局。有这种大视野的人不多,所以你可以想见,头一次听严先生这番宏论时,我们的确受到了震撼。

李新伟:严先生提出了"重瓣花朵"的理论,但他没说这"重瓣花朵"是从什么开始的,是从前仰韶时期就开始了?还是在庙底沟时期形成的? 也就是说,"重瓣花朵"是逐渐形成的呢? 还是一开始就这样,甚至是不是在旧石器时代就这样? 严先生好像没有把这件事说清楚。您在《以中原为中心的历史趋势的形成》中把中原中心地位确立的时间大概定在了龙山时代,是否可以看作对严先生理论的一个补充呢?

赵 辉:写文章的时候没想这么多。我更关注的是这个核心是怎么来的。当时就想,夏商周为什么都在这儿?为什么中原在以后历史上的很长时间里地位都那么重要?从这个角度上来说,这个核心出现的具体时间不是什么十分要紧的事情。我提出是龙山时代出现的,这是可以修改的。我这么说了,别人也可以那么说,没关系,反正在考古学文化的比较研究上,你基本上没办法做定量分析,那种机械的定量分析结果也未必能说明问题。所以在像什么不像什么、谁和谁关系更密切之类的问题上,往往是研究者凭着自己的感觉进行判断的,就会经常发生一眼看高一眼看低的事,也因此在核心出现的时间这个问题上,大家判断谁说得更符合实际情况一点就依谁就行了。根本的问题在于是否存在这样一个核心,我觉得是有的。当然,那篇文章写出来已经十几年了,这期间,不断有考古新发现,促使我对当时的观点进行反思。现在我还是坚持中原文化形成自己的风格,形成一个在文化面貌的意义上和周围文化有区别的这么一个"实体",是在龙山时代。但是这个"实体"对全局发挥作用、产生影响,在后来的二里头文化阶段才明显起来。此前,中原文化向外的影响有一些,譬如龙山晚期对江汉地区的影响还是很明显的,但从全局看,依然是局部事件。

如果说对严先生的学说有什么补充的话,我的意思是,这个核心是中国新石器时代文化一体化趋势中一定阶段的产物;由于它位于严先生说的东亚文化发展程度最高的黄河和长江中下游地区的核心,这样就把从它出现的这个时间节点开始,古代文化的一体化趋势在方向上说得更明确、具体一点了。这也许算个补充?

李新伟:当时苏先生、严先生都明确意识到,史前考古学的一个重要使命是解决中国统一多民族国家形成的问题。您那时候是否也感到这是一个重要问题?

2012 年在河北武安磁山遗址考察

赵 辉：这是肯定的。但对这个课题之于中国考古学发展的重要性，以及对我个人的影响，要说一开始就想得很透彻，却未必。因为这个重要性是在日后中国考古学的发展中才慢慢体现出来的，一开始恐怕谁也看不太透。但从中国考古学的使命来说，这个课题的重要性，你还是马上能体会到的。中国考古学的使命说到底是复原研究中国历史的。虽然一直有关于考古学应该是人类学取向还是历史学取向的讨论，但在中国学术环境里，考古学首先是历史学的，你在研究中可以借鉴人类学的一些角度，但首先是要把中国历史上的问题研究透，然后才是那些泛人类的法则、规律之类，一开始，不能把中国考古学的目标定在那，否则就容易造成"灯下黑"了，要先把自己的事、自己的历史弄明白。说到这，有点跑题了。那么，在自己的事情里，最大的恐怕就是统一多民族国家的形成了，它作为一个历史发展的结果，今天正摆在我们眼前，当然要把这件事的来龙去脉、原因过程作为研究对象弄清楚。当今世界分成东西方，分别是世界的两端，所以它就不仅仅是中国历史、中国学术的问题了。那么我们可以问一下，在历史研究上，还有哪个问题比这更大？所以说它太重要了。

很明显，这个问题几乎贯彻了整个历史，落实到新石器时代考古的任务，就是这个大历史进程的开端和早期发展过程。这段过程，我们在考古学文化的分析比较上看到了，就是刚才说的满天星斗、外八庙拱卫避暑山庄，是重瓣花朵式的多元一体格局，是以中原为中心历史趋势的形成。但是这种主要是从物质文化表面现象的总结还远远不够，还要深入到表象的背后，进一步讨论远古社会的发展是怎样从蒙昧到文明的。所以，这个由新石器时代考古承担的任务，也可以换个说法，就是中国古代文明起源，或者说她的形成和早期发展的问题。

中国文明起源问题的提出,是 20 世纪 80 年代一系列有意无意间获得的重大考古发现刺激出来的,如大地湾、红山、良渚、中原龙山城址,包括稍晚一些时候发现的石家河古城。这些发现大大刺激了人们的视觉神经,颠覆了人们关于原始社会、氏族社会的传统观念,于是开始思考它们属于哪一个社会发展阶段。当时也恰好是中国新石器考古学集成、总结、概括物质文化史研究成果的时期,区系类型、多元一体等学说都是这期间面世的。这样,中国文明起源问题的提出就给了学科一个新的目标和动力。说到底,有关文明的研究是对社会的研究。所以,以这个问题的提出为标志,中国新石器考古开始把主要精力投入到古代社会的复原研究上去了。这个阶段性目标的变化也带动了前面说到的资料、技术、方法的即整个研究体系的全面变化,学科逐步发展到一个新阶段。但该问题对于促进学科转型发展的意义,不是一开始就显现出来的。只是到了今天我们回头看才恍然明白,它原来还有促进学科发展的意义!顺便说到,和 20 世纪 60 年代发生在西方的变化相比,中国考古学的变化可谓异曲同工、殊途同归。在西方,从物质文化史研究向古代社会研究的转变是从文化的环境、经济角度开展起来的,在中国则是由古代文明问题引领的,这是"殊途",但研究目的都直截了当指向了古代社会。这背后,也是学术、学理的逻辑使然。

李新伟:那时候牛河梁遗址、良渚文化都有重大发现,引发了 80 年代末和 90 年代初关于文明的大讨论,您当时是否也关注了那些讨论?

赵　辉:肯定要关注的。首先,那些发现太令人震惊了,让人完全想象不到。80 年代中期发现了良渚文化的反山、瑶山贵族墓地,很多老先生们都去看了。回来之后，严先生很兴奋，在文史楼楼道里拉着我说："良渚不得了，除了莫角山有大建筑外，还有六点几公斤重的玉器，上面还有浮雕、微雕，漂亮极了。"尤其是良渚和红山文化的东山嘴、牛河梁的发现，给学术界带来很大震动，一下子有关它们是否是文明的讨论就热烈起来了。我是做新石器时代考古的，怎么能置身事外？但在开始的一段时间里，我没有发言。一个原因是我那时刚入门不久，学力不够，二是没想明白怎么研究这么复杂的大问题。

李新伟：您对良渚文化的"历史主义"研究对我启发很大。您当时为什么选择这个角度认识良渚文化呢？

赵　辉："历史主义的研究"是我后来才明确提出来的。在做良渚文化特殊性的研究时，还没有这么清晰的思路。

在普安桥遗址工作期间，我有机会实实在在地接触到良渚文化的遗迹遗物，逐渐有了一些感觉，比如良渚文化的陶器器形丰富、制作精美，似乎和较为精致丰裕的生活有关；良渚文化不仅大墓有玉器，甚至连比较小的墓葬也经常发现玉器、象牙器之类，还有独木棺，虽然这类墓葬的玉器上不上档次，可能仅仅是几块边角料上打个孔，但整体上良渚社会比较富裕，人民对奢侈品有追求；良渚有分工精细的手工制造业；良渚有组织很多人力物力建造大型工程的社会机制；各地玉器纹饰高度一致反映了高度一致的社会意识、宗教；而且因为这种宗教思想渗透到社会基层，所以宗教很可能参与了社会管理。这些情况，在同时期其他考古学文化中显得很特殊、很醒目。记得当时在普安桥工地上，我经常开玩笑说，发现的那个麻籽是不是致幻剂？良渚的宗教氛围那么浓重，良渚人是不是抽大麻？又说良渚人的思想那么统一，是不是有个政党——"良渚党"和类似人民公社那样的组织？玩笑归玩笑,的确也是对良渚社会的一种感性认识吧。当时良渚的考古材料不及现在多,发现多为良渚早中期的,以反山、瑶山墓地为代表,那时还不知道良渚文化晚期又建造了良渚古城。良渚早中期和马桥文化之间隔着个钱山漾、广富林为代表的时段,文化面貌上接不上。又因为刚刚公布了新沂花厅遗址第二次发掘的资料,发现在大汶口中晚期的大型墓葬里,共出反山、瑶山时期的良渚文化玉器,所以下了良渚文化的年代没有进入龙山时代的结论。这样就显得如此高度发达的良渚文化在反山、瑶山之后迅速衰落乃至崩溃了。当然,从现在的资料看,良渚的凋零可能晚一些,在良渚文化之后。这是后话,当时的认识就是那样的。那么良渚社会种种特殊的表现和它的衰落凋零有没有关系呢？出于这么个思路,在纪念良渚文化发现 65 周年的学术会议上,我写了篇文章,推测良渚社会是文明化进程上的先行者,又地处东南,没有经验可借鉴参考,社会发展一条道走到黑,高度分工、高度分化和高度思想统一、宗教笼罩严密的社会僵硬了,面临突然变故,社会系统不能做出灵活反应、不能及时调整,终于陷入凋零不复之境地。也是在那个会上,许倬云先生发表了相似的观点。他是大家,旁征博引了好多国外的例子作比较,我不能望其项背,但两人的主要观点相仿。为此,我也得意了一阵子。

但是,这篇文章不能算是对良渚社会很扎实的研究,只是采取了一个和当时主流研究不一样的视角。当时良渚文化的研究热点是社会发展阶段,大家都在讨论良渚文化是不是文明,有的说是,有的说不是,有的说在文明的门槛上,一脚门里、一脚门外等。但我对这样的讨论有点看法,这个下面再详细说。另一个热点是玉器。关于玉器,牟永抗、王明达、中村慎一、刘斌等先生都有出色的研究成果,我想还是不凑这个热闹为好。所以剑走偏锋,想了这么个题目。但经过对良渚社会特点的一番整理，它的确成为我后来主张对中国文明应当采取"历史主义"的研究策略的原因。

李新伟：请您详细说说这个"历史主义研究策略"。

赵　辉：通过对良渚社会的研究，我开始懵懵懂懂地感觉到每个文化代表的地方社会都可能有各自的特点。与此同时，有关中国文明的讨论正热火朝天、方兴未艾。如果现在让我总结的话，中国考古学界对古代文明的研究可分为三个阶段。开始阶段，大家因为受那些重大发现的强烈刺激，都急着给这些现象一个性质上的判断，这是很自然的。我虽然没有写过这方面的文章，但也考虑过类似的问题，也曾试图给出某种性质上的判断。这个阶段，也许是长期以来各种原因造成的理论上的匮乏，大多数研究者都引用《家庭、私有制和国家的起源》等经典著作的文明社会概念，以城市、文字、青铜技术等为标准，考量中国的这些资料，力图给它们界定社会属性。对国外研究了解多的学者，则尽可能援引当代主要是西方的研究来衡量中国的材料，同时嘲笑那些引用经典作家的研究者不了解学术行情。我把这个阶段的研究叫作定性研究。不过，我总隐隐感到哪点不对劲儿、不妥当。因为所有关于古代社会发展阶段的认识、标准，都是基于中国以外的资料总结出来的，拿来判断古代中国，是否就那么合适、恰当，不会出现方枘圆凿的情况？当然我也不能说别人不对，因为我不懂国外学术，也还没有对国内资料认真深入地梳理过，这种怀疑仅仅是一种学理上的分析结果。但是促成了一个想法，就是中国学术界能否在中国资料的基础上，总结概括出一些贴合古代中国情况的标准来。

不能期望定性的研究会形成比较统一的结论。每个研究者对标准的理解、采取的尺度和宽度不同，大家你一眼看高，他一眼看低，对同一批资料就可能生出五花八门的结论来,统一不起来。譬如对一座龙山城址是围墙聚落还是城堡、城市常常聚讼不已。争吵的过程中,大家也渐渐明白了,即便是文明的一个标志,也未必是一夜之间就能出现、成熟的,万事都有个过程。比如城市,它从最初形态演变到都市,是个颇为漫长的过程,至于这些标志的集合体——文明的形成也是个过程。于是,大家的研究逐渐转向过程的探讨上来了。不过,这个时期的研究者主要还是采取一种可以称为"一般进化论式"的研究角度,同样以城址为例,将年代早的到年代晚的一字排开,讨论它们的演变发展,而不太在意它们可能分别发现在毫不相干的地区,有着不同的发展原因和演进形式。同样,对中国文明也是把它看成一个整体,将其分期分阶段。这是中国考古学对古代文明研究的第二阶段。现在我们也还不能说从这个阶段完全走出来了。

这就出现了一个非常奇怪的现象。一方面,我们自诩中国考古学在考古学文化的类型学分析方面做得最好、水平最高,另一方面通过类型学得到的研究成果,如前面说到的苏先生的古代文化的区系类型结构,严先生的重瓣花朵式的文化结构等,在这类一般进化论式的古代社会发展阶段的研究中却遭到了彻底的漠视,两种研究之间完全脱节了。诚然,对于古代社会的复原研究,需要源自社会学、民族学、人类学乃至文献史学等相关领域的理论指导,譬如母系到父系(父权)、社会分层、公共权力、军事领袖和军事民主制、制造业的专门化、宴飨与互惠、贸易网络、信息控制等,和物质文化史的研究的确不是一个层次。但是在我看来,物质文化史的研究有一个最大的遗产或贡献,就是它总结出的古代文化的多元化发展过程是古代历史的脉络,多元的文化现象暗示了创造这种多样性背后的人类社会可能也是多元演进的。那么,如果你把文化的多样性看作是社会多样性的物质折射表达的话,亦即各地方社会的演进很可能在机制、方式方面各有特点的话,一个不同于一般进化论的研究策略也就自然而然地浮现出来了,那就是首先把每个地方社会都视为个案,分别梳理它的社会演进过程,再通过一系列比较、归纳,把各自的特点总结出来,进而考察随着从多元走向一体乃至中央王朝的产生,这些地方社会各自的特点哪些被扬弃了,哪些被吸收借鉴、保留下来和被改进、发扬光大了,以及其中的原因。而这些被保留和发扬光大的,八成就是中国文明的特点、特质了,是中国之所以成为中国、东方之所以成为东方而不同于西方的根本所在。

其实,我的这个"历史主义的研究策略"是受到苏秉琦先生启发的。苏先生当时提出中国古代文明的形成经过了"三部曲",在产生方式上有"三个模式"。这"三模式"显然是来源于老先生对史前文化多元进程的理解,或者说他的"三模式"是和区系类型密切联系着的,苏先生从物质文化史研究向古代社会的研究是连贯的,有清楚的逻辑关系的。在这一点上,他和大多数研究者不一样。遗憾的是苏先生对"三模式"解释得很简略,有生之年内没有来得及展开论述。你可以不同意苏先生"三模式"的具体内容、观点,但他这个思路,你应该重视呀!不知为什么,很少有人从这个角度考虑问题,这一点让我感到奇怪。

有了这个想法,就想试一试。2000 年,北大成立了教育部哲学社会科学重点研究基地——中国考古学研究中心,李伯谦先生为中心的主任,他抬举我当副主任。中心要做研究课题计划,组织开展科研项目。我借机向严先生建议,由严先生领衔开展了"聚落演变与早期文明"的课题研究,分别梳理各主要文明区域的发展脉络,亦即对各区域做"历史主义的研究",然后再做比较研究。至于比较研究,能

2011 年在澳门参观北京大学赛克勒考古与艺术博物馆馆藏版画特别展

做到什么程度就是什么程度，做不出来也没关系，但不要一上来就把各地区搅和在一起，先分开看，看各自的过程，各自有无特点。这项由郭大顺、田广金、杨建华、栾丰实、孙华等多位学者参加的集体项目，应该说取得了相当的成功。通过一些主要文化区的社会发展过程的爬梳，一些地方特征显现出来了。譬如中原地区、黄河下游、长江下游、长江中游不仅文化各有特点，背后的社会情况也各有不同。例如韩建业曾经将北方长城地带的社会情况概括为"北方模式"，再比较中原地区，我认为在一段时间内，中原地区的社会和长城地带有一定相似的地方，当然也有不同，但良渚就完全是另类了。这项研究早已结项，但因为各种原因，其中主要是我的原因，耽误了成果的出版（今年年底有望发行），是颇对不住大家的。成果如果早一些发表，说不定会在学界产生些影响。但这项研究鼓舞了我，证明"历史主义"的研究思路可行。后来，这个思路也为"中华文明探源工程"所采纳。

李新伟：这历史主义的提法挺后现代的。那么，如果说文明起源的研究本质上是社会研究，您又是怎样做古代社会复原研究的呢？

赵　辉：和主要运用类型学方法研究物质文化史阶段不同，考古学研究古代社会，是没有现成的办法的，还在摸索中。社会太复杂了，按照历史唯物主义的看法，社会是由技术、生产关系组成的经济基础和上层建筑构成的，每个层面，又分许多领域、方面，每个领域都可能需要专门的研究技术、方法，譬如在古代技术的研究上，对石器、陶器、金属器的分析研究技术就大不相同，它用到的社会分工、专门化等概念也没办法应用到公共权力、宗教思想的领域里去。考古学到这一步，无论在研究领域、课题，还是研究技术方法上都空前复杂多样起来了，学科呈现越来越细的分工，出现了许多分支学科。大家都在自己擅长的领域上努力,但要精通各个领域,驾驭全局,那就太难了,恐怕没人能做到。北大组织编写中华民族史,我拖了很长时间,最后才勉强交的稿子。可把严先生气坏了,因为我拖了整体进度。但我也很难呀。虽然这是一本面向中高端读者群的有点普及性的书,不是专业专著,但我负责的史前时代部分毕竟也是要整体描述的历史时段,又不能仅仅是描述,你要有说明、阐释,解释史前文化的多源、多线发展。为什么汇聚到中原? 中原中心地位的形成对以后有什么影响? 这个大过程的社会发展原因、动力在哪里? 它为什么这样发展? 为什么会复杂化? 还有为什么南方社会和北方的表现形式不一样? 我跟严先生说,我找不到一个理论把这些事说清楚。我的苦恼不是对现象描写叙述,而是怎么说明它们。当然,中华文明史的任务最后还是完成了,但我负责的那部分只能是一个非常粗的东西。

我觉得,要阐明古代社会及其发展,社会组织可能是个关键,用个流行的时政术语,是个"抓手"。在历史唯物主义关于社会层次的划分上,社会组织居中,它下面有经济基础,上面有意识形态,这两头的问题都反映在社会组织的层面。例如什么样的农业生产方式就有与之相适应的生产组织,农业技术提高,可能导致生产单位规模变小,进而导致社群内部的分化等。当然,社会极其复杂,绝不是这样一个理解它的入门角度,这只是我的兴趣所在。这种社会组织的情况在考古资料上很大程度是体现在聚落结构上的,如房子的布局、分组、规模大小、设施的完备程度、拥有物品的质量和数量等。在研究上要首先把这些现象从遗址堆积中识别、分析出来。我对长江中游大溪、屈家岭文化墓地结构的分析就是做的这么一件事。然后再比较它们的异同、探讨它们的关系。这也有很多的理解角度,例如中国考古学过去一段时间做得比较多的是分析氏族、胞族、部落、婚姻关系等。严文明先生则注意到姜寨村落各级组织的财产私有情况。这对我的启发比较大。我觉得分析到这一层，就可以和考古学关于技术、经济层面的研究成果结合起来了。你看，在八里岗的连间排房里没有库房，在年代较晚的蒙城尉迟寺，三两间居室旁就有一座仓房。如果这样的资料再多些，也许我们就可以给出一个结论说，这是氏族或者大家族内部的一种分化现象，代表了随着技术的提高，产品渐多，小型社会组织单位的独立性逐步加强了。如果的确如此，又可以提出新的问题，即这些有一定独立性的小家庭依然排列在大排房子里，几排房子坐落在环壕里，就是说，原来那个社会并没有彻底瓦解，那么，这是为什么？这种社会又是什么性质的社会？这样也许可以从原因机制的角度把社会的文明化进程说得深刻些。

李新伟：“中华文明探源工程”持续了很长时间，您作为整个项目的负责人之一，在探源工程实施过程中，产生了哪些新的思考？

赵　辉：不敢说有什么新的思考，刚才说到的都是很初步、很粗疏的，但有了个大方向，在探源工程的压力下，逼着你在这个方向上不断思考就是了。还有不断涌现出来的新发现，比如陕北地区近年的发现，也会逼着你调整原来的观点。此外，你既然对工程有一个全面的责任，这也逼着你要对过去不熟悉的领域、课题做点思考——这也是实情。

李新伟：石峁遗址的新发现引起学界轰动，显示出北方势力很强盛，可能曾和中原发生很多利益的冲突，对中原造成压力，这是促成早期国家在中原出现的重要原因之一吗？

赵　辉：石峁城址的发现令我们感到需要重新审视龙山时代中

2013 年"中华文明探源工程"课题组成员赴印度斋普尔考察

原地区和北方地区的关系、态势。首先在文化面貌上看,这个时期是北面的文化向南影响更大,而不是以前估计的那样南面影响了北面。在靠近渭河谷地的一些客省庄二期的遗址中,出土了很多蛋形瓮、单把鬲之类的北方地区的陶器,还有窑洞。陶寺遗址中期以来也突然出现了大量肥足鬲之类的北方器形。原来认为红色彩绘的黑陶瓶罐等陶寺典型因素,其实在石峁发现众多,反不如认为是后者对前者的传播、影响。陶寺大墓中挖构壁龛,是很奇特的现象,现在还可以在石峁找到同类,说不定也是源头。原来已知陕北地区有很多山城,又发现了面积达400万平方米的石峁大城,规模一点也不亚于陶寺城址,宏伟的石砌城门和两重城墙、城中心以石墙层层包裹着的高耸的皇城台、精美玉器、大批量杀殉祭祀现象等,都意味着在社会发达程度上,北方不亚于中原,反而暗示着北方社会对中原的压力更大一些。还有迹象表明,陕北石峁文化和齐家文化关系十分密切,那么,见于陶寺的铜器技术,或许是经由石峁东传而来的。把这些现象综合起来考虑,就令人不由得推测中原社会的变迁,北方是个重要的参与者。当然,这还只是个大趋势,内中细节,还有待大量考古工作来解答。

对长城地带这个"北方",环境考古的研究开展得比较早,使得我们已经知道了仰韶文化晚期以来中原关中地区文化向北扩张和龙山时代晚期北方文化掉头南下,和环境变化密切相关。北方地区环境好的时候,或许接近中原地区,两地文化上曾经是"一家人",经济上都是比较粗放的旱作农业,至少也是以旱作农业为主。因此,它们的社会形态比较接近也是有原因的。与陕北加上晋北燕北和中原的这个大北方相比,长江流域就不同了,是精耕细作的稻作农业,在此基础上发展起来的社会分层更加清楚,分了好多等级,更加复杂。

李新伟：您是说整个以黄河中游地区为核心的地区是大北方地区？

赵　辉：是。这里所谓的大北方，我有时也把它叫作黄土地区，当然这是文化意义上的黄土地区，和地理上的黄土分布区并不完全吻合。从文化面貌和社会特点考虑，我把黄河下游的海岱文化区归到了南方。这不是我的发明，是严先生，他分为黄土高原文化和东南平原文化，这很有道理。

李新伟：以中原为中心的北方和南方的社会各有哪些特点呢？

赵　辉：在"聚落演变和早期文明"的课题研究中，我们已经察觉到，尽管中原地区和更北边的长城地带的文化有一定的区别，但如果从社会基层和社会组织结构来看，中原和北边接近。由于自然条件的限制，大北方地区的资源不及南方，旱作农业又以粗放为特征，所以社会的富裕程度不高，社会分层不明显，基本是两层。如陶寺遗址的墓地上，最高等级的大墓当然是非常厉害的，但中型墓葬数量很少，剩下的百分之九十好几都是小墓，绝大多数是基层大众，中上层很少。中原社会的矛盾更多地表现为集体和集体之间的矛盾。例如中原的城都是短命的，就一圈城墙，废了就废了，没了就没了，作为一个地区的中心，维持时间短、动荡大；箭镞等武器数量很多，制作也尤其精良；人牲人祭和乱葬的战争暴力现象比比皆是，非常突出，这些现象表明集团和集团之间的冲突激烈。

这个冲突的动因在哪里呢？一方面可能来自如前面说到的以石峁等为代表的更偏北的势力的压力，当然也有来自东方、南方文化向中原扩张的压力。譬如"新寨现象"——我宁愿把在新寨遗址看到的来自东方的文化因素短期却大规模的"入侵"叫作"现象"，因为分期、类型等描述比较稳定的文化现象时是很贴切的概念,却很难把激烈的事件的烈度表达出来。另一方面可能和中原以及大北方地区资源丰度不高,内部集团、族群之间的竞争有很大关系。

南方则不同,资源条件优越,社会富裕,社会分层也多,似乎社会中层是多数,赤贫的社会底层数量少,这个橄榄核式的阶层结构明显和北方金字塔式的分层结构不同。南方手工制造业水平普遍高于北方,社会分工复杂。无论从纵向的社会分层还是从横向的社会分工看,南北方在社会的复杂程度上都有明显差别。南方社会还有一个显著特点,即比较稳定。例如从大汶口文化到龙山文化,它的中心遗址一千年一直稳定不变,就在一个地方,人多了就扩大城垣,所以多数是多重的城,里圈年代早,外面的晚。良渚文化、屈家岭至石家河文化的城大都如此。最近的研究表明,以古城为中心的良渚遗址群也持续了大约一千年之久。我推测,这样的社会其公共权力是管理型的,主要针对社群内部的矛盾。但由于社会太精致了,精致也就意味着僵化,积重难返也好,尾大不掉也罢,都是这个意思。发生战争或者是大灾害,虽然原因说不具体,但一旦发生此类情况,这样的社会应变能力根本不够——譬如良渚文化。

反观中原社会,因为社会环境动荡,社群之间关系紧张,社会的调节能力就要跟上,否则就被淘汰了。中原社会的主要矛盾是集团之间赤裸裸的利益争夺,出于政治斗争和军事斗争的需要,中原社会的公共权力带有更多的世俗的军事领袖的色彩,是打出来的。但好处是这样的社会机制世俗比较灵活,不至于"一条道走到黑"。

李新伟: 以良渚文化为代表的南方文明社会确实与中原多有不同。

赵　辉: 良渚和中原地区相比,还有一个突出的特征是很重的神权色彩。这让我思考了很多,比如宗教是怎么回事? 宗教在社会及其文明化进程中扮演了什么角色? 我指导一名博士仔细梳理了良渚的纹饰流变过程,目的是借此讨论良渚社会宗教、社会意识的问题。我们发现,良渚玉器、象牙器等上面的纹饰有着高度一致的主题,只有神人兽面纹、鸟纹和龙纹三种,其中神人兽面纹是绝对的主体纹饰,这一点从它与最重要的玉琮之类的配伍关系和在这类器物上所占的主要位置中都不难看出。神人兽面纹代表的崇拜或者宗教意识在良渚文化前身崧泽文化中仅现端倪,主要是在良渚早期的短时间内快发展起来的,其覆盖面几乎包括了整个良渚文化,所以毋宁说这是人为创造出来的。神人兽面纹的形象先是比较具象,然后极度夸张渲染,再变化为简约的符号,这个过程也可通过类型学排比清清楚楚地看出来,那么这很可能代表了从叙事发展到全体良渚人的神圣信仰的过程。因为是人物的造型,所以初期可能是良渚某个集团的祖先崇拜,然后通过神格化的人为加工,演变成全体良渚人的共同神祇,形成了一种一神论式的宗教系统。如果人类宗教史上也有个进化规律的话,良渚的这种一神论宗教已然很现代了,不是原始宗教。和这种宗教有关的玉器等,几乎遍及良渚的中高规格墓葬,尤其集中发现在最高规格的贵族墓葬,所以还可以推测它自上而下地参与了管控整个社会。

红山文化也是一个宗教氛围浓重的社会,但那里的题材广泛,不似良渚有一个几乎是唯一的、无比崇高的崇拜对象,而是一种多神论体系,很像万物有灵的萨满教。红山文化有人物造像,但形态非常不一样,就算是祖先崇拜,也是很小范围的、小社群小血缘集体各自的祖先——萨满教当然也是有祖先崇拜内容的。因此,从这一点看,我不认为良渚和红山在社会的文明化进程上可以比肩。

有意思的是,刚才说到的黄土地区的情况又有所不同。仰韶文化阶段,彩陶、陶塑之类的花卉、鱼、鸟、蜥蜴、青蛙、鹿、牛等形象,反映的是仰韶人对自己周围环境的认识,颇有田园经济生活的韵味。虽然也有人物形象,但多与生殖有关。龙山时代的玉器则主要是仪仗类,表达的是制度方面的内容,而看不出宗教意味。邓淑苹先生提出华西系统的概念,似乎可用于整个黄土地区。诚然,华西系统也有玉琮,但基本上是光面无纹的。学者们基本同意玉琮这种器形是从良渚文化传来的。如果玉琮真的如后代文献所说,有天圆地方的哲学观念在里边,那么,这种宇宙观被黄土地区的人接受了。但玉琮上的神人兽面代表的良渚英雄,中原人自然不认可、不接受,所以丢掉了。中原社会宗教气氛淡薄,如果有的话,更多的是宇宙观、生死观之类的内容,例如商人的虎食人卣、饕餮纹之类表达的思想。按照传说,中原宗教氛围淡薄是颛顼帝的宗教改革造成的。原来人人都能通天,颛顼"绝天地通"了。刚才谈到,中原社会动荡,是由世俗和军事性权威领导的,社会越动荡,客观上越需要军事、政治上的绝对权威。所以,一方面,未能达成统一的中原社会各族群可能有各自的崇拜,难于统一成一神;另一方面,最有力量的领袖为了加强自己的权威,专擅了宗教,只有他自己可以和天通,别人不行,更不允许其他族群的神祇威胁自己的地位。所以,传说一定程度上反映了宗教在激烈动荡的社会发展阶段的变化,是有合理、深刻的内涵的。由于中原社会以血缘为根基,每个血缘家族之类的族群会有自己的祖先崇拜,但对大社会的控制是行政的、武力的控制。整个社会不是分别服从于自己的祖先神,而是服从于最高权威力量。为了巩固自己,最有力量的人把自己和天联系起来,不让别人与之有关,我的血统高贵,唯我独尊。宗教在这里成了加强权威的工具,但失去了大众。这或许就是古代中国和西方、阿拉伯世界不一样，一直没有发展起强大的宗教的原因。

良渚文化是我最感兴趣的研究对象之一，我很早就注意到了良渚深厚的宗教色彩，到了"中华文明探源工程"第三阶段的时候，有个课题是史前宗教方面的，这就促使我在这个领域再做点思考，以上便是梗概了。曾经做了个PPT，在一些场合讲过，但始终瞎忙，没正儿八经写出来。但我发现，从宗教看社会，从社会理解宗教，的确是个非常有意思的话题。

李新伟：以血缘为基础的中原社会似乎更具凝聚力，而且有一个更强有力的领导核心。

赵　辉：基本是这样。从最根本的原因上看，中国是田园经济、小农经济，家庭一定要依托在比较大的家族里面，这就导致了血缘组织在中国社会基层从没有被瓦解过，一直是社会的基层单位，且一直传了下来。中原社会中主要矛盾和利害冲突是集团与集团之间的，集团内部还是比较稳定的，有一个强权政治来做保证。各集团的军事领袖是打出来的，谁有能力谁当。他们之间的斗争再产生个"王中王"，中央集权的政体大概是这么来的。

李新伟：那么，中原社会对以后的影响主要表现在哪里呢？

赵　辉：在中原后来居上的过程中，中原也对周围文化的文明成果有借鉴、有吸收，譬如在龙山晚期和二里头文化中，可以看到首先在山东、江浙一带发展起来的等级制度、源自良渚社会的天圆地方的哲学观念，以及从西方传播而来的冶金技术、农作物等。但它的社会底层、社会结构如此，所以它不可能全盘拿来，只是有选择的吸收，估计它还是主要按照自己的逻辑向前发展，即在血缘社会的基层上发展集权政体。

不过，以后的夏商周三代王朝在国家政体的建设上未必完全是直线的演进。夏，我们还说不清楚，商周是不太一样的。有人说"三代之礼一也"，也有人说"有损益"，不知谁对。但考古学已经知道三代的礼器是不一样的，葬俗是不一样的，商人占卜、周人演卦……不一样的地方挺多。至于王朝政体的建设，周比较清楚，是分封制。所谓分封，在我看来，是把原来在氏族宗族内部财产继承的原则放大应用到国家上来了，权力、财富的继承转移还是依照血缘的亲疏，骨子里是血缘的宗法制度。当然，在国家王朝这个层面，政治的考量是必需的，所以还有对异姓的分封，但不是主流。大到王朝国家，小到家族宗族，血缘亲疏关系的秩序也就是社会秩序，兹事体大，丝毫不能混乱、僭越。所以要有明文规定来维持，也就是礼制。可见周公做的礼，不仅仅是等级制度，但凡是等级社会，一定会有等级制度的，只有和宗法血缘的等级关系结合起来的礼制才是中国的特色。礼的本质是要维持宗法制内的社会成员的关系、位置的等级秩序的。它有法律上强制执行的性质，也有伦理道德高度上的感召说教的作用，如亲亲尊尊、君君臣臣、忠君孝悌等，最后作为道德观念，成为中国文化的主要内容。周人在有限的生产力和军事政治力量的基础上，设计了从政治制度到行为准则和道德规范、伦理思想的一整套东西，非常高明。后来礼乐崩坏，但社会基层却没有变化，依旧是田园农业和与这种生产方式相适应的宗族结构，只是用官僚承担了社会的管理工作，也因此空前强化了中央集权的政体。从这个意义上说，夏商周三代和秦汉是国家演进上的两个阶段。

以上，算是我在"中华文明探源工程"中，对中国文明起源和早期发展的一点引申思考吧。

李新伟：这个见解精彩。若是将礼制简单等同于等级制，那不是哪里都有吗？就不能称其为中国特色了。

再次感谢您能接受中国考古网的采访！谢谢！

（原文于 2014 年 11 月 18 日发表于中国考古网，经作者修订。）

朱

泓

指导内蒙古吐尔基山辽墓墓主人容貌复原

简　介

朱泓,著名体质人类学家、生物考古学家。1951 年 8 月生于天津,1982 年毕业于吉林大学历史系考古专业。1994 年破格晋升为教授,并被确定为吉林大学首批跨世纪优秀人才,1999 年遴选为博士生导师,2000 年获"国务院政府津贴",2005 年获"吉林省首批高级专家"称号,2009 年被教育部授予"全国模范教师"荣誉称号,2010 年被聘为吉林大学匡亚明特聘教授,2011 年获"吉林省资深高级专家"称号。现任教育部人文社科重点研究基地"吉林大学边疆考古研究中心"主任、"吉林大学—西蒙菲莎大学生物考古学联合实验室"中方主任、国家社会科学基金学科规划评审组专家、中国考古学会常务理事、中国考古学会人类骨骼考古专业委员会主任、国家文物局"体质人类学与分子考古学"重点科研基地主任、吉林省考古学会副理事长。

学术专长:多年来致力于体质人类学和古人种学、古病理学的教学和研究工作,尤其在古人种学研究领域成就显著,是我国生物考古学领域中最著名的领军学者之一。在他的倡导和率领下,吉林大学在我国率先开展了分子考古学研究,综合实力居全国之首位。

孜孜不倦，探索创新

——朱泓先生访谈录

采访者：聂　颖

聂　颖：从一名上山下乡的知识青年，到返城的货场装卸工人，再到卫生学校的专业教师，您的经历可谓坎坷多变，现在回想起来您的这些特殊经历对您以后从事科学研究有哪些影响？

朱　泓：说起来，我的经历是比较复杂的，尤其是和你们这些八零后、九零后的学生比起来的话，经历是要复杂得多了。当然，这些经历对我后来从事的科学研究确实起到了非常重要的影响。那我就从年轻时说起，我们这一代人是七七、七八级的大学生，在刚恢复高考后考上大学，求学欲望是非常强烈的。当时，三届初中和三届高中学生同时参加高考，等于是六个年级的学生一起参加考试，竞争非常激烈。在那种情况下能够进入大学，特别是能够进入像吉林大学这样的重点大学学习真是千载难逢的机会，所以当时班里的同学学习干劲儿都非常足。我在1968年作为一名知识青年响应毛主席号召走"上山下乡"的道路，去农村接受贫下中农再教育。我在农村干过很多农活，基本上东北农村的农活我都干过，甚至包括放马，这段经历对我来说是一笔很大的财富。在那个年代，大多数人谈起知识青年上山下乡这个事，一般都会认为"文化大革命"耽误了我们这代青年人的学业。拿我本人来说，我是上到初中二年级的时候，赶上了停课，终止了学业，在相关知识的积累上蒙受了损失。不过也因如此，我们赶上了一个动荡而又充满激情的时代，我们到农村去接受贫下中农再教育的经历，使我们得到了很多的锻炼，比如说我们在非常早的时候就接触到了社会，增加了年轻人在社会生存中的经验。到农村下乡时我才 17 岁，我们这种插队到村里的人当时被叫作"集体户"，一起去的一共有 16 个人。我们那个时候都是不得已才到农村去的，那里艰苦的生活给我们留下了难忘的回忆。到了农村以后，同学们推荐我做集体户的户长，当时只有 17 岁的我不仅要管理好自己的生活，还要作为一个"家长"照顾好其他 15 个同学的生活和工作，这为我创造了一个非常好的提高管理能力的机会，对我后来从事科研和管理工作有深远的影响。在那段异常艰苦的岁月里，我们能够坚持下来，为我们这代人后来面对社会，不管是继续求学还是步入工作岗位都做了很好的铺垫！每当我回忆起这段经历，觉得十分艰苦也十分无奈，但它也确实为我积累了一笔十分宝贵的财富。在农村插队时，我在生产队做了大概一年的农活，后来我就被选拔到当地公社的小学和中学做代课教师。现在我还常和朋友们开玩笑，从我的经历来看，恐怕是上帝给我的安排，注定要当一辈子老师，我从小学教起，中学、中等专业学校、大学本科、硕士生、博士生，也指导过博士后，在中国的教育系统中，除了幼儿园，其他的教育阶段我都教过了。特别是我在农村当小学、中学教师的经历，对我后来从事教育工作有着非常大的帮助。总之，人生的每一段经历对人一辈子的成长都有潜移默化的影响。

1971 年的时候，我返城了。当时，长春市运输公司到我们所在的农安县去招一批装卸工，很多人都不愿意去，我家在长春，当时我

参加学位授予仪式

迫切想回家,所以不管是在城市里做什么工作,能回家就可以,于是我就报名了。离开农安的学校时,学校的校长还找到我,劝我不要走,让我留下来继续教书,并承诺将来会帮我转正,这比进城当装卸工好多了。但我还是坚持回到了长春,在长春市运输公司当了一名普通的装卸工人。这段经历同样给我留下了非常深的印象,因为装卸工的工作非常辛苦,而且确实像那位校长对我说的那样,有很大的失落感。在农村的学校当一名教师,尽管是代课老师,周围的人还是很尊敬你的。但我回到了大城市,进城了,回家了,却成了一名装卸工,再也无法享受到学生看待老师的那种目光了,这让我感觉自己生活在社会的最底层。这份工作我做了大概半年时间,又遇到毛主席发出新的指示叫"大学还是要办的",当时全国还没有恢复高考,主要是面向工农兵招生,叫工农兵学员,通过推选招收,不用参加考试。当时到长春市运输公司招生的学校没有大学,只有一所叫吉林省医院卫生学校的中等专业学校,招生的专业是口腔专业。公司里面一共有 100 多位装卸工,开始时没有人报名,按理说到卫校去学医,以后当名医生是很不错的选择,但那时候人们特别不愿意学医,这主要是因为当时毛主席有两个下乡的指示"五·七指示"和"六·二六指示":"五·七指示"指的是政府机关、事业单位的干部到农村去插队,"六·二六指示"是关于"医务人员到农村去,为贫下中农服务"的内容。公司里的装卸工情况和我一样,都是刚刚从农村返城的,大家一想,就是到个中专学校去学医,毕业以后要走"六·二六"道路,又要回到农村,所以大家都不愿意报名。我了解情况后一点都没犹豫就带头报了名。在我的带领下,后来又有 3 名装卸工和我一起报了名,最后 4 个人都被录取了。

聂　颖:1978 年您在高考时为什么会选择吉林大学的考古专

业,那个时候比较热门的专业是政经法啊?

朱　泓: 1972 年,我进入省卫校学习口腔专业,那时候的中专是 2 年学制,大学是 3 年学制。两年后,我毕业留校当了 4 年的老师,教的课程是人体解剖学和生理学,因此关于解剖学和生理学的基础及理论还是比较扎实的,其他基础医学和临床医学等课程也有一定的掌握。这段经历奠定了我学术研究最重要的基础。当时我之所以做出学医的选择和我的家庭有很大的关系。我的父母都是白求恩医科大学(现吉林大学白求恩医学院)的教师,所以当我有机会学医时,不管是学哪个方向,我都是很愿意的,家里也很支持。就这样我走上了学医的道路,在卫校当了 4 年的解剖学和生理学的教师,一直到 1978 年恢复高考制度,我参加了高考。在报考学校时,面临着挑选专业的问题,按理说,我应该考医科大学继续学医。当时我看了招生简章,报考医学是需要考数理化的,但我的中学教育只到初等中学二年级,这方面的底子很差。刚刚恢复高考,大家因为“文革”耽误了学习。考题虽然比现在的简单很多,但也要按照高三的知识水平进行考核,数理化的课程我初二以后就没再学过,所以我担心自己考不上医学专业。在这种情况下,我选择报考文科,虽然政史地也没系统学过,但是这些科目是可以通过自学补上的,此外在平时的生活中,我也很爱看相关的书。1977 年那届高考,我没有报名,因为当时正在白求恩医科大学进修医用英语,舍不得放弃。在 1978 年参加了高考,报考的第一志愿就是吉林大学考古专业,当时也并不是很清楚这个专业是研究什么的,在文史哲政经法这些学科分类中,我当时是对历史比较感兴趣的,从小看了很多历史书,历史系下有历史和考古两个本科生专业,潜意识里我觉得学考古更适合,因为当时考古于我大概就应是裴文中和贾兰坡两位先生研究北京猿人头盖骨的事。如此看来，如果考古是从事这种研究的话，我学这个还是很有基础的。之前我在卫校有关现代人的解剖学经历对这个方向的学习也是大有裨益的，就这样，我选择了报考考古专业。当时我绝不知道考古还有新石器考古、商周考古、汉唐考古等方向，进入考古这个行当还真是歪打正着。

聂　颖：朱老师您在本科时就已经开始给考古系高年级的同学们开设体质人类学这门课，是怎样的机缘巧合让您在本科时就走上了大学的讲台？

朱　泓：上了大学后，我以前基础医学的知识还真用上了！我是78级的本科生，1979年，在我大二时，教研室副主任林沄老师找到了我，他说考古教研室里面还没有讲授体质人类学方面课程的老师，而我的档案中又显示我曾经有学医的教育背景，还教过解剖学的课程，所以想让我给考古专业的同学们讲一讲解剖学。我就问需要讲哪些方面的知识，林老师说，就讲发掘墓葬时如何从骨骼判断性别和年龄。我当时便答应了下来，毕竟在医学院校讲课时我就讲过这些知识点。我问要讲多少课时，林老师说2个小时。当时，76级的师兄师姐们要去实习，发掘墓葬。林老师让我给他们讲课，他认为在发掘时这些知识有可能会派上用场。林老师还开玩笑说："这就算是工农兵学员上讲堂吧。"我认真地准备了两个小时的课，给76级的师兄师姐们讲了如何利用骨骼判断性别和年龄，林老师就坐在教室后面听课。下课后，林老师对我说，你是一个真正的老师。这堂课后，反响强烈，77级的同学也要求听课。所以几天后我又给77级的师兄师姐们讲了一遍。后来我们班的同学也知道了，说不能落下自己的同学，我又找时间给同班同学讲了一遍。前面我说过我在卫校学医，又当了4年老师，这个经历对我后来从事体质人类学的教学和科研工作都有着非常重要的作用。在这次为考古系的同学们上课后没过多久，当时的教研室主任张忠培老师就把我叫到他家里聊天。他问，你家不就在长春吗，毕业后留在吉大当老师愿不愿意？张老师这么一问，我很高兴，我说，当然愿意了。我当时真的愿意留在长春，更何况是在吉大当老师。在我大二下半学期时，张忠培老师就已经给我规划好了毕业留校当老师，张老师告诉我，以后从事体质人类学研究，我们当时开设的第一外语——日语满足不了需要，必须要加强英语方面的学习。我一直很喜欢英语，大学报考志愿时，除了第一志愿是吉林大学考古专业外，其他4个志愿都是英语专业。总的看来，我上大学以前的经历对我后来的成长起着举足轻重的作用，有的是在社会经验方面，有的是在管理能力方面，有的就是在学识积累及研究基础方面。

聂　颖：吉林大学的人类学实验室是东亚地区体质人类学研究和人才培养的重镇，每年都有大量来自国内外的学者进行访问交流，您是吉林大学体质人类学学科的创建者，能不能和我们一起回顾一下吉林大学体质人类学学科的发展历程？

朱　泓：吉林大学体质人类学学科研究真正的起步是在1985年。1982年我本科毕业后作为辅导老师参加了本科生在河北张家口的考古实习。1983年，张忠培老师派我参加了国家文物局委托四川大学主办的全国考古专业体质人类学培训班，是由复旦大学邵象清教授主讲的，当时培训班一共有二十几位同学，都是来自全国各高校及考古所的在职工作人员。我在四川大学进修了3个月，这是我第一次进行体质人类学的系统培训，包括体质人类学的理论基础、人体测量学的方法及测量仪器的使用等。我在川大学习结束后不久，张忠培老师又给我联系到中国社会科学院考古研究所做进修生，跟随潘其风老师学习。从 1983~1985 年，整整 2 年的时间，我在社科院考古所师从潘其风老师学习体质人类学。在此期间，我又考取了吉林大学的研究生，挂在林沄老师名下，由潘其风老师具体指导。这阶段的学习就是一种真正的研究生性质的学习了，在社科院考古所学习时我作为潘老师的科研助手，跟着做了很多项目，包括内蒙古敖汉旗大甸子夏家店下层墓地人骨观测、新疆和静县察吾乎沟口墓地现场鉴定等工作，这对于我以后的体质人类学研究是一个很好的开端，因为一开始就师从名师，又在实践中学习，这两年的学习奠定了我之后的研究基础。理论是由邵象清老师领入门的，研究实践则是由潘其风老师手把手教授。到了 1985 年我从社科院考古所结束培训后，已经完全具备独立从事科学研究的能力了。回到吉大，我向张忠培老师、林沄老师汇报后，决定开始体质人类学的学科建设。1985 年，在考古教研室及学校的支持下我购买了一套测量仪器，建立了吉林大学体质人类学实验室。当时的研究标本很少，都是从我们吉大自己的考古工地运过来的，如山西汾阳杏花村、太谷白燕、河北蔚县三关等实习工地。我直接到工地发掘现场做鉴定，然后打好包装运回吉大，刚刚开始建立实验室时就只有这些标本。1986 年，我开始给本科生系统讲授体质人类学这门课程，当时上课都是自己编的讲义，这也为后来编写体质人类学这本教材做了铺垫，从那时起我就给 84 级本科生上课，就是王立新老师那届，一直讲到现在，体质人类学变成了吉林大学考古系的特色课程。实验室建立后，发展到今天取得了很多成绩，这一方面是由于系里面非常支持，张忠培老师、林沄老师和魏存成老师他们当系主任时都很支持体质人类学方向的研究；另一方面是因为学校领导和社科处对这个方向的支持，推荐体质人类学实验室做一些项目等，推进了实验室的不断发展。

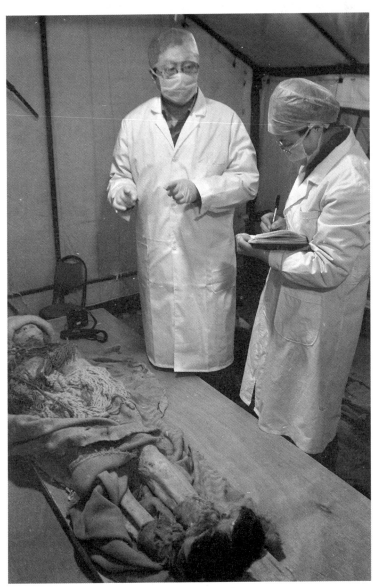

新疆小河墓地鉴定现场

聂　颖：您在 20 世纪 90 年代提出了"中国先秦时期古代人种体系理论"，开创了中国体质人类学研究领域的新时代。请您谈谈这一理论体系是如何构建的？它的提出对中国体质人类学的研究产生了哪些重要的学术影响？

朱　泓：关于中国古代人种体系理论的构思，其实在我从事考古学科研教学工作不久就形成了。我毕业以后，从 1983 年到 1985 年，在社科院考古所进修给潘其风先生做助手时，就已经开始思考这个问题。这个问题并不是由我先提出的，而是由社科院考古所的老先生们提出的。进修时我就住在考古所的院子里。白天，那些老先生来上班，我就和他们聊聊天。晚上，我就和当时在社科院学习的袁靖、李峰、傅宪国、梁中合、柴晓明等人在一块交流，逐渐使我开始考虑建立中国古代人种类型体系的问题。然而，对我在这方面启发最大的是社科院考古所一位非常著名的研究员——已故的杨虎先生。我记得非常清楚，有一次和我聊天时杨虎先生说道："你们写的研究人骨的文章，我们第一是看不懂，第二是用不上！"我问："为什么呢？"杨虎先生说："那些专业的术语，我们是弄不懂的，结论也看不懂，用不上。例如某篇人骨研究文章，结论是以东北亚人种为主，同时又受到北亚人种和东亚人种的影响。换一篇还是受北亚人种和东亚人种影响，反正不是北亚人种就是东亚人种，有的时候还加个东北亚人种，弄得我们一头雾水。"实际上，杨虎先生给我们的研究提出了一个问题：我们当时的研究是按照现代人种去分类，可是结论这么写出来以后对考古学研究并没有什么帮助，我们应该先去解决这个问题。至少我们的结论是让考古学家看得懂还能用得上的。当时杨虎先生给我提出这个问题后，我认为杨虎先生提的意见还是非常有道理的。我们当时的体质人类学研究基本上沿用前苏联的学科体系,这在当时是全国学术界的普遍现象。但是杨虎先生和我说这话时已经是20世纪80年代末期,中国已经改革开放了,开始逐渐引进了一些西方的学术理论和观点、方法。在这种情况下,我们是不是也应该考虑一下体质人类学的研究,对其做一个改革? 中国古代人种体系的建立是我在思考杨虎先生提出的问题时想清楚的,并借鉴了国外同类研究的具体做法,如欧洲学者在研究西部欧亚地区古代居民时命名了"古欧洲人类型",日本学者在研究日本列岛古代人种时确立了"绳文人类型"、"弥生人类型"、"古坟人类型",这些都是把古代人当作一个原始研究基础再和现代人对比,想到这里我似乎一下就明白了。这个理论的提出对考古学背景下的体质人类学研究有着重要的推动作用,如果一直按照前苏联的那套研究体系,虽然体质人类学研究者明白那些学术术语,却不能真实反映现代人由古代人发展而来的过程中变化的体质特征;只有这种古代人种类型的研究体系才能让考古学家真正看懂体质人类学的研究结论,这也有利于体质人类学和考古学的紧密结合。

聂　颖:1998年,我国考古界第一个专业从事古DNA研究的实验室——吉林大学考古DNA实验室成立了,随后在这里诞生了我国第一位古DNA研究方向的博士,出版了第一部古DNA研究专著、第一本古DNA教材,这是现代自然科学技术手段在考古学中应用的成功模式,同时也带动了中国生物考古学的不断发展,您能否谈一谈您和周慧教授是如何开始这长达15年的合作的?

朱　泓:开展古代DNA的研究是我们吉林大学考古学科遇到的一次难得的发展机遇。1997年,国家自然科学基金委员会设立了国家基础科学人才培养基金特殊学科点项目,这是由老一辈科学家唐敖庆、王大珩等联名提出设立的,重点用来支持基础科学研究中具

在新疆小河墓地接受 CCTV 和日本 NHK 电视台现场联合采访

有中国特色、很强科研实力并且具有一定国际影响力的"濒危学科",如冰川学与冻土学、古生物学、古脊椎动物与古人类学、动物分类学、昆虫分类学、考古学(自然科学部分)等。当时,学校科研部门了解到特殊学科点的申报情况(每个学科只支持一所科研单位),就联系到了我们考古学系,让我们把申报材料准备好,全力支持我们把这个项目争取下来。我们对申报文件进行了认真分析,发现项目的申报条件非常高,必须具有博士点(当时全国只有吉林大学和北京大学两所高校设有考古学的博士点),此外,还得提出一个项目的选题,选题必须有一定的研究基础,填补国内空白,在国际上也要是面向 21 世纪的科技前沿技术。我当时一下想起了俞伟超先生曾经呼吁的古代DNA 研究,觉得这个选题是可行的。吉林大学从 1985 年开始建立体质人类学实验室,到 1997 年已经积累了 12 年的研究和管理经验,而且研究成果很多,积累了大量的人骨标本;而中国当时还没有一家专业的古代 DNA 实验室。填补空白、研究基础这两点都满足了,还缺少一个愿意从事古代 DNA 研究的人。我们需要在吉林大学生命科学学院找一位合适的博士生导师。在学校科技处王志强副处长的推荐下,我结识了周慧老师。周慧老师当时是生命科学学院的副院长、国家教委跨世纪人才、省突出贡献专家、巾帼岗位明星,是院里的台柱子。一见面我就觉得周慧老师非常合适,只是不知道她是否对这个项目感兴趣。王处长告诉我周慧老师非常喜欢旅游,我的心里顿时就有了底。我让王处长帮我约了周慧老师,在谈起这个项目之前,我先给她讲了许多重大的考古发现和趣闻作为铺垫,结果周慧老师当场表示很感兴趣,愿意和我合作申请这个项目。从那时起我就和周慧老师合作以古代 DNA 为主要创新方向,再结合环境考古学、动物考古学、遥感考古学等科技考古方向申报了特殊学科点项目。正式立项是在 1998 年,至今已经有 15 年了。也正是有了国家自然科学基金委员会特殊学科点项目这个依托,我们才建立并发展了中国考古学的第一个专业的古 DNA 实验室。

聂　颖:您从事体质人类学研究工作已经有三十多年的时间了,去过很多考古工地进行现场鉴定,经历了诸多重大的考古发现,您能谈谈哪些考古现场的经历是令您毕生难忘的?

朱　泓:这个经历就特别丰富了,我去过很多重要考古工地做现场鉴定,比如像江西靖安东周大墓、安徽双墩 1 号墓葬、内蒙古额济纳的黑城遗址等。但是如果说留下最深刻印象的还是新疆的小河墓地。不同于其他考古发现,小河墓地里的死者都静静地躺在那里,所有随葬物品都保存得十分完好,装饰的羽毛都还十分鲜艳,棺木里面摆得满满的,而且在罗布泊那种极其艰苦的荒漠环境里进行考古发掘和人骨鉴定工作会给人带来非常强大的冲击力。小河墓地如同一个时间胶囊,封存了小河人死后埋葬的所有信息,那么真实、那么美!

聂　颖:吉林大学的考古学科是国家重点学科,入选国家基础学科人才培养和科学研究历史学基地(文科基地)、国家"211 工程"重点学科建设项目,拥有教育部人文社会科学重点研究基地"吉林大学边疆考古研究中心"、国家"985 工程"哲学社会科学创新基地"中国边疆史地创新基地",同时也是"十二五"期间吉林大学"2011 计划"重点培育的学科。您从 1997 年开始作为吉林大学考古学科的负责人,带领着吉林大学考古学科不断发展壮大,您能和我们一起分享一下这其中的酸甜苦辣吗?

朱　泓:酸甜苦辣谈不上,我从 1997 年担任考古学科的负责人到现在已经 15 年了,这期间吉大考古系遇到了很多好的发展机遇。

在新疆小河墓地现场鉴定中接受 CCTV 主持人焦建成的采访

除了吉大考古系全体师生的共同努力外,更为重要的是我们赶上了一个好的时代。我下面要说的几件事大家就能充分体会到:1997年到1998年,吉大考古系和生命科学学院周慧老师合作建立了吉林大学考古DNA实验室,拿到了国家基础科学人才培养基金特殊学科点项目,填补了国内的空白,一直到现在我校的分子考古学在国内仍然处于领先地位。1999年,教育部通知各个高校准备申报教育部人文社会科学重点研究基地,我们当时根据吉林大学考古学科的学科基础和科研方向,最终确定将基地名称定为"边疆考古研究中心",以中国边疆及比邻地区的古代人类文化与环境为主要研究对象,这是我们系现在35位老师都感兴趣的研究方向。2000年,我们获得教育部的批准,成立了吉林大学边疆考古研究中心。中心的成立是我们吉林大学考古系学科发展历程中里程碑式的成果,在这以后其他的评审都以这个人文社科重点基地为基础和依托。2005年,我们申请教育部"985工程"哲学社会科学创新基地,当时的申报条件要求理科有国家或者教育部重点实验室,文科必须有人文社科重点基地才有申请资格,我们凭借基地顺利拿到了985哲学社会科学创新基地。2007年申报国家重点学科时,考古学的人文社科重点基地再次发挥了非常重要的作用,最终我们如愿以偿地实现了吉林大学几代考古人的梦想,成功申请到了国家重点学科。2013年我们开始着手与其他兄弟院校、科研院所联合申请"2011协同创新中心",又是一次促进学科大发展的好机会,我们会全力以赴的。这些机遇在吉林大学考古学科的发展史上都是非常重要的,1997年获得特殊学科点项目支持以前,系里的老师连笔记本电脑都没有,更不要说照相机和其他科研仪器了,特殊学科点项目的获批是一个非常好的起点,它给了我们一个改善科研教学环境的机会,现在看来,这个机会对考古学科

与中国科学院吴新智院士在日本九州大学参加会议

的发展是非常重要的。我们通过特殊学科点项目和周慧老师合作建立了考古DNA实验室,在分子考古学上形成了一个新的学术生长点,这个生长点有着强大的生命力,到现在还是处于学科发展的最前沿。这与后来的一系列考古学科的蓬勃发展是一环紧扣一环、缺一不可的。我担任考古学科负责人的体会就是:吃苦受累肯定是难免的,但最重要的是我们遇到了很多学科发展上的机遇并且抓住了机遇,还有就是整个科研队伍的团结奋进,使得我们吉林大学考古学科有了今天的发展规模。

聂　颖: 在现代科技迅猛发展的今天,自然科学技术不断推新对考古学的研究有着巨大的推动作用,请您谈谈未来有哪些方向能够有更好的发展前景?

朱　泓: 我只能从生物考古学的角度来说。第一,发展最快的还是考古DNA,考古DNA在中国还有很大的发展空间,现在中国社会科学院也建立了自己的考古DNA实验室,中国科学院和山东大学也在筹建考古DNA实验室,这是非常好的开端,衷心希望其他兄弟单位能够把这一研究方向尽快开展起来,共同推动这一研究领域的全面发展。考古DNA的研究是需要多次异地重复性验证的,只有多家专业实验室的存在,才能联合进行相关研究和重复性的实验,相互支持。第二个领域我认为是骨化学,通过稳定同位素分析复原古代人的饮食结构已经开展了很多尝试,但是,在中国这方面的工作还远远不够。食谱分析不仅仅是人骨研究的需要,动物骨骼研究也同样可以开展,食谱分析可以直接反映当时人类、动物的食物结构,而且食谱分析的实验对骨骼保存情况的要求没有古DNA实验严格,设备条件也比较容易达到,因此,还要继续加大这方面的人才培养。第三个领域就是古病理研究,中国现在还没有从事古病理研究的专业学者,一些研究还停留在材料的报道阶段,和西方的研究水平存在很大差别,有很大的发展空间。

最后,感谢"中国考古网"给我这个机会接受采访,与各位学术界同行,尤其是与各个高校考古系及博物馆系的同学们在一起交流从事考古学研究和教学的心得体会。希望大家能够通过这次采访对吉林大学考古学科有更深一步的了解,也希望以后大家继续关注吉林大学考古学科的发展,感谢长期以来各位学界朋友们的大力支持和厚爱,谢谢!

(原文于 2013 年 5 月 6 日发表于中国考古网,经作者修订。)

朱岩石

2005 年朱岩石在北京家中

简　介

朱岩石,男,1962 年 8 月生于北京市西城区。1984 年毕业于北京大学考古系,获历史学学士学位。同年至中国社会科学院考古研究所汉唐研究室工作。期间,1995～2000 年先后在日本早稻田大学文学部考古研究室、国学院大学大学院研究、学习,获历史学博士学位。现任中国社会科学院考古研究所副所长、研究员,中国社会科学院研究生院考古系教授、博士生导师,中国考古学会理事,中国史学会理事。曾任日本东北学院大学客座教授、日本京都大学人文科学研究所客座教授。

学术专长:中国汉唐都城考古学研究。

长期负责考古研究所河北邺城考古队的发掘与研究工作;2003～2005 年负责杭州南宋临安城皇城考古队工作;2010～2012 年负责考古研究所澳门考古队,承担了澳门圣保禄学院遗址发掘与研究工作;2013 年至今负责考古研究所中亚考古队,在乌兹别克斯坦开展丝绸之路上相当于汉晋时期古城址的发掘与研究工作。

代表性论著有:《汉唐都城规划中公共系统空间的考古学研究》、《河北临漳县邺城遗址赵彭城北朝佛寺遗迹勘探与发掘》、《中国南北朝仏寺遗迹と遗物研究》(载《古代東アジアの仏教と王権文》)、"博古架丛书"《遗落秋风的叹息——图说北齐高洋墓》、《东魏北齐邺南城内城之研究》(载《汉唐之间的视觉文化与物质文化》)等。

水滴石穿，绳锯木断

——朱岩石先生访谈录

采访者：王　睿

王　睿：朱老师，您好。您出生在 20 世纪 60 年代，用现在的划分标准，属于 60 后，您觉得 60 后这代人最大的特点是什么？这些特点对于您从事考古事业有什么优势？

朱岩石：首先要谢谢中国考古网访谈。和你们青年学者思维新颖、具有一定的个性比较，出生于 60 年代的我们有多大共性呢？这倒真是个难题，我一时无法全面概括。其实，绝大多数 60 年代的人是在"文革"中读完小学和中学的，这个时期的教育受到左倾思想的严重影响，大家几乎都被裹挟到批林批孔批老师、反击右倾翻案风等运动式的"教育"之中。改革开放之后，其中很少一部分人上了大学，然后大家又经历了思想再解放的过程，如人生观与价值观的讨论、真理标准的讨论。所以 60 年代的人可能更珍惜社会主义民主、法制等方面的建设成果，更理解百花齐放、百家争鸣社会氛围的可贵。

王　睿：也就是说当时的大学教育还是精英教育，能够读大学的人不多，所以 60 后群体特征也具有很强的分散性吧？

朱岩石：90 年代开始社会经济迅猛发展，60 后的很多人步入了商海,进行了艰苦的打拼,可见 60 后这代人价值观、人生观的丰富性和差异性。如果勉强说他们的共性的话,他们或多或少都怀有理想主义的情怀。

王　睿: 就是说,您们的理想成分会更多一些。

朱岩石: 是啊。我个人可能更理想化一些。因此在从事考古工作的时候也会受到一定的影响,那就是死较真。考古工作很多时候在野外发掘,条件比较辛苦。如果把考古作为一项事业,真的更需要隐忍和持之以恒,这方面我们以前受的教育发挥了很大的作用。

王　睿: 您是如何从一个懵懂的青年逐步成为一个学有所成的中青年优秀学科带头人的?谈谈您的治学经验吧。

朱岩石: 说我是优秀的学科带头人,我很是诚惶诚恐,我觉得自己是被自然而然推到这个位置的。由于主客观原因,和我年龄接近的一些人先后选择了离开考古学这个行业,或者离开了北京。如果说有所成的话,那就是我这么多年来的坚守。如果说得好听一点,是为了理想,相信滴水穿石;说得平淡一些,就是认真工作,坚持再坚持。

王　睿: 您在日本做研究、攻读博士学位,前前后后好多年,您觉得出国和不出国对于一个青年学者的发展有什么影响?

朱岩石: 在北大上学的时候接触过一些留学生,其中有的日本留学生的学习方法和我们有些不同,我很好奇。后来我在考古所参加了工作,90 年代初有机会访问日本,在奈良、京都的两三个月,特别是接触了一些研究中国考古学很有造诣的学者后,我切身体会到了一种和国内不同的研究氛围。我当时想,如果能在这样的环境里,去深入地交流访问应该是很难得的体验。1995 年我先在早稻田大

2004 年在京都大学人文科学研究所（右三为曽布川宽教授，右二为古田真一教授）

学研究访问,此后通过考试我进入了日本国学院大学研究生院攻读博士学位。在东京这座国际化的大都市里,我有机会接触到很多日本学者、欧美学者和中国国内去访问的学者,学习到很多课堂上学不到的知识;同时我还学习了相应的课程,参加了大量的考古实习;感受到日本同行的思维方式和治学态度。当时也有语音难关、生活的单调、远离家人的寂寞等不利之处,但是我告诫自己:坚持再坚持。这些经历使我获益匪浅,因此我相信,出国访问和深造对于青年学者开阔眼界、增长知识很有帮助。

王 睿:留学期间有什么印象深刻的研究经历吗?

朱岩石:留学期间的课程,要求非常严格。在完成专业课程学习时,我曾在课堂发表个人研究中国汉唐考古的收获的同时,也介绍一些中国考古学的研究动向。我感到大家都很感兴趣,于是就向我的导师吉田惠二教授提出建议,在国学院大学创建了"中国考古学文献学习会",我们大学考古专业的研究生们每周都积极参加活动,逐渐还有了外校研究生参加活动。至今想起还宛若昨日,这就是现在的"国学院大学中国考古学会"的前身。

王 睿:现在人数很多吧?

朱岩石:还不少。一些来自东京的留学生很多都参加了这个学会的活动。2007年我在东京参加日本中国考古学年会时,竟然发现很多在会议上发表演讲的年轻学者都曾参加了这个学会的活动,有青山学院大学、东京大学、早稻田大学的学者等。通过出国留学,不但学到了一些不同的思维方式和工作方法,还深刻地感受到交流是双向的、交互的,国外的学者也在这个过程中逐渐了解了我们,了解中国考古学,甚至了解中国文化。所以我鼓励国内年轻学者多结交国外的同行,特别是注意和不同国家的同龄人结交朋友,加深理解。大家一起讨论,很多看法可以是不同的,在学术研讨中切磋,甚至于争吵,大家都会有很多收获。

王　睿：您认为日本考古学研究和中国考古学研究最大的不同是什么?

朱岩石：就历史时期考古学而言,日本考古学研究宏观框架的构筑工作大体完成,现在比较多地展开了深入的专题研究。我们泛泛的宏观研究偏多,具有较高水平的个案研究偏少。这也和日本考古学界的特点有关,日本全国考古学研究者的基数比较大,具备了开展不同专题研究、细化的个案研究的条件。在中国还是要把宏观与微观两者有机地结合起来。宏观研究切忌宽泛空洞,说不断重复的话对学科发展没有益处。我们在专题研究、个案研究方面可以借鉴日本学者的成果,也可以进行合作,如东亚古代文化交流研究、手工业制品制作工艺研究、自然方法应用的研究等领域。

王　睿：您怎么看考古学研究中对理论的应用?

朱岩石：国外有一些考古学理论的确很有意思,促使我们思考。但好理论是要脚踏实地来自实践的,且要经得起实践的考验,同时可以指导实践。流行三年五年的理论是好的理论吗? 流传不下去的理论是没有生命力的表现。有的“理论”犹如时髦的装饰,过几年便过时了。当然,我不是排斥流行的理论,积极的理论层面探讨是有意义的,但好的理论不以新和奇为目的。比如考古学文化的区系类型学说,经历了很长一个时期对基础资料的不断理解、升华,对我们实际的考古工作有所指导,一定程度上还经受了实践的考验。可见好的理论是可以应用的,不是空谈和炫耀的。当然学科要发展,我不主张

2006 年在东京拜会博士生导师吉田惠二教授

单一理论、单一方法,我们需要对于不同理论和方法论的探讨。今后,能够指导我们具体工作的理论是应该坚持追求和为之努力的。

王　睿:看到您的人生信条,"坚持做人第一,做学问第二"。那么您是怎么理解做人和做学问的,您认为二者的关系是什么?

朱岩石:做人和做学问有密切的联系。尤其是现在的考古学很多大课题需要协作,需要研究者具备团队精神。了解更多的学者,才能吸取各家之长。每一个学者的追求都只能说是一个过程,而不是一个终结。学无止境,所以治学需要认真的态度,需要宽容的精神。我在北京大学的学习过程中,看到许多著名学者可以坚持学术观点的不同,但他们之间彼此尊重,学术氛围的自由宽松,使我备受熏染。所以不同的学术观点是可以并存的,只要是经过认真努力,孜孜以求,都应得到尊重,没有谁比谁更高贵之别。而做人是有基本准则的,如勤勉、诚信、博爱等。我推崇"严于律己,宽以待人",但是说很容易,真正做到很难。我愿意与大家共勉,一起努力吧。

王　睿:朱老师,您给人的感觉是特别容易接受新事物,这种特质和考古研究工作有何关系?

朱岩石:接受新事物方面我还要向年轻同事学习,我一直在追赶他们。考古学研究中接受新思想和新事物非常重要,其实每一个重大考古学术问题的突破,起因都可以追溯到田野考古学新的发现与突破,田野考古学的每一个进步,实际都渗透着对以往经验的继承和批判,渗透着对新方法的尝试。比如今天测绘手段完全变化了,田野资料整理手段也发生了很大的变化等。地层学、类型学是考古学的基本理论方法,但是随着科学的发展它也会不断被赋予新的内容。

王　睿:作为社科院考古所汉唐室主任,您如何看待当前汉唐

2013 年至兰旗营看望恩师宿白先生

考古的发展情况？您认为都城考古和其他考古发掘、研究是什么关系？

朱岩石：汉唐考古近年来新的发现、新的研究成果不断涌现，特别是在大遗址保护工作、国家大型建设项目抢救性考古发掘工作中有很多重要的成果，也促使我们对学科的建设重新思考。

汉唐都城考古学是汉唐考古中的重中之重。中国汉唐宋元城市考古学是历史时期考古学的重要组成部分，其学术目的主要是对秦汉至宋元时代封建王朝不同等级、类别城市遗址进行考古工作与综合研究。秦汉帝国统一中国后，各个封建王朝对于全国政治、军事、经济中心的都城，在规划设计、建设技术等方面不断发展完善，同时都城规划建设也深刻地影响了全国的城市规划与建设。封建社会的都城反映了古代社会的物质发展水平，反映了古代社会精神生活的发达程度。因此汉唐都城考古学对于研究中国古代社会政治、军事、经济、文化、科技等方面具有重要的意义。

我们在实际开展汉唐都城考古的过程中，涉及了都城遗址内的手工业作坊遗迹、附属于古代都城的墓葬遗存等。正是因为都城遗址丰富的内涵和它具备的复杂性，所以才造成都城考古与不同的考古学专题研究具有很多联系。从这个角度说，年轻的考古学者应当重视在都城遗址考古中的锻炼，从中磨炼自己、提高自己。可以说，逐渐学会在大遗址中思考问题、解决问题，才能真正提升个人的专业素质。

王　睿：我们研究室的年轻人都很幸运，一开始工作就可以进入到大遗址发掘，得到最好的指导和充分的锻炼。

朱岩石：你们一开始就能够以宏观的眼光来做基础的工作，这是很难得的。

王　睿：之前您也提到过大遗址保护工作,这种保护和考古发掘是什么关系呢?

朱岩石：大遗址保护这样的课题是考古研究、田野考古和文化遗产保护共同面临的新问题。现代人的生活和遗址保护这对矛盾如何更好地解决,如何找到历史的切合点,如何给社会和时代交一份满意的答卷,是我们每个考古人都要思考的。谈到大遗址保护,我们应该有更多的前瞻性的思考,我们今天的规划、设计尽可能不要出现几年后就过时、与学科发展相违背的情况,要有长远的思考。保护文化遗产是我们的责任和义务,也是中国考古学发展到今天需要研究的课题,这就是考古学的学科价值和意义所在。

王　睿：作为考古所汉唐室主任,您对团队的发展有什么规划和设想?

朱岩石：建立重点学科汉唐宋元明都城考古学研究,并进行有计划、有步骤的长期工作,既要有宏观的思考,又要坚持具体细微的工作。此外,在宏观的框架里要加强一些跨越时代、纵向的专题研究。

王　睿：就是要既进得去又出得来?

朱岩石：对,就是在三维空间里个人能够明晰自己所处的位置。现在汉唐研究室很多年轻学者的专题研究越来越到位了,这些都是值得高兴的事情。但同时要注意宏观的把握和横向的联合,城址和城址之间,专题和专题之间都要有交流。比如东魏北齐邺城是从北魏洛阳城迁来的,研究邺南城不了解汉魏故城遗址绝对不行,甚至与之相关的一脉相承的帝都都应该了解。我们研究室每年都有这样的交流平台,每个人应该对自己专题研究在纵横两方面都有所了解,这

2015 年在印度参加国际学术会议

有利于开阔视野。汉唐研究室的每个人要充分利用团队给我们提供的便利。我们的研究室在全国也是研究汉唐考古学人数最多的团队了,如果在我们的团队中每个人都有自己的特点,而他们又都彼此了解、认可,那么我们团队的潜力一定会得到最大限度的发挥。

王　睿:那么,现在您觉得这个团队的情况如何?

朱岩石:我要感谢我的团队,他们中有资深教授、研究员,但更多的是一批有想法、有朝气的青年学者,我从中汲取到力量。今年7月份我们去朝阳、沈阳等地考察,我发现研究室中几乎每个人都能从自身积累的方向发现问题然后提出见解。那时候,我深深地感到汉唐研究室的年轻学者都成长起来了。但我还想说,年轻学者的研究方向不要太窄,不要沉入其中而不问其他。找到自己的兴趣点是非常幸运的事情,但不能过于狭窄,坚实而博大的基盘十分重要。

王　睿:就是因为喜欢,而能够去排除万难,为了一个问题的解决而先去解决它周围的问题。

朱岩石:是的。当你关注更多的东西的时候,你的视野会逐渐开阔,进而发现有更多的问题值得深入的思考和研究。

王　睿:刚进所的年轻人,经常会有找不到方向的感觉,不知道以后的学术研究应该偏重于哪个方向,对于这一点您有什么建议?您对考古所的年轻人有什么要求和期望?

朱岩石:我们开始专业研究的时候也有些茫然。那时候,我们还请来一些资深学者来给我们讲治学经验,进而引发个人的思考。现在的年轻学者要打消顾虑,有问题、有疑惑可以向自己的同事求教、讨论,发挥我们的团队优势。另外,还要脚踏实地地去做自己的工作,多读书、多实践。读万卷书、行万里路、博采众长是不错的方

2016 年在河北省临漳县邺城北朝寺院遗址发掘工地

法。认真读书,重视田野考古实践,积极探索,解决问题。这里面可能很辛苦,但是和前面说的一样,你要坚持下,再坚持下,水滴石穿,绳锯木断。

王 睿：感谢您接受中国考古网的采访！

（原文于 2009 年 9 月 16 日发表于中国考古网,经作者修订。）